Estética e Imaginação Criadora

Coleção Clássicos da Filosofia
Coordenação
João Ricardo Moderno

Ser Finito e Ser Eterno – Edith Stein
Filosofia Moral – Émile Durkheim
Estética e imaginação criadora – João Ricardo Moderno

O GEN | Grupo Editorial Nacional, a maior plataforma editorial no segmento CTP (científico, técnico e profissional), publica nas áreas de saúde, ciências exatas, jurídicas, sociais aplicadas, humanas e de concursos, além de prover serviços direcionados a educação, capacitação médica continuada e preparação para concursos. Conheça nosso catálogo, composto por mais de cinco mil obras e três mil e-books, em www.grupogen.com.br.

As editoras que integram o GEN, respeitadas no mercado editorial, construíram catálogos inigualáveis, com obras decisivas na formação acadêmica e no aperfeiçoamento de várias gerações de profissionais e de estudantes de Administração, Direito, Engenharia, Enfermagem, Fisioterapia, Medicina, Odontologia, Educação Física e muitas outras ciências, tendo se tornado sinônimo de seriedade e respeito.

Nossa missão é prover o melhor conteúdo científico e distribuí-lo de maneira flexível e conveniente, a preços justos, gerando benefícios e servindo a autores, docentes, livreiros, funcionários, colaboradores e acionistas.

Nosso comportamento ético incondicional e nossa responsabilidade social e ambiental são reforçados pela natureza educacional de nossa atividade, sem comprometer o crescimento contínuo e a rentabilidade do grupo.

João Ricardo
Moderno

Estética e Imaginação Criadora

Prefácio de
Sergio Paulo Rouanet

■ A EDITORA FORENSE se responsabiliza pelos vícios do produto no que concerne à sua edição, aí compreendidas a impressão e a apresentação, a fim de possibilitar ao consumidor bem manuseá-lo e lê-lo. Os vícios relacionados à atualização da obra, aos conceitos doutrinários, às concepções ideológicas e referências indevidas são de responsabilidade do autor e/ou atualizador.

As reclamações devem ser feitas até noventa dias a partir da compra e venda com nota fiscal (interpretação do art. 26 da Lei n. 8.078, de 11.09.1990).

■ **Estética e imaginação criadora**
ISBN 978-85-309-6574-7
Direitos exclusivos para o Brasil na língua portuguesa
Copyright © 2016 by
FORENSE UNIVERSITÁRIA um selo da EDITORA FORENSE LTDA.
Uma editora integrante do GEN | Grupo Editorial Nacional
Travessa do Ouvidor, 11 – 6º andar – 20040-040 – Rio de Janeiro – RJ
SAC: (11) 5080-0751 | faleconosco@grupogen.com.br
bilacpinto@grupogen.com.br | www.grupogen.com.br

■ O titular cuja obra seja fraudulentamente reproduzida, divulgada ou de qualquer forma utilizada poderá requerer a apreensão dos exemplares reproduzidos ou a suspensão da divulgação, sem prejuízo da indenização cabível (art. 102 da Lei n. 9.610, de 19.02.1998).

Quem vender, expuser à venda, ocultar, adquirir, distribuir, tiver em depósito ou utilizar obra ou fonograma reproduzidos com fraude, com a finalidade de vender, obter ganho, vantagem, proveito, lucro direto ou indireto, para si ou para outrem, será solidariamente responsável com o contrafator, nos termos dos artigos precedentes, respondendo como contrafatores o importador e o distribuidor em caso de reprodução no exterior (art. 104 da Lei n. 9.610/98).

1ª edição – 2016

■ CIP – Brasil. Catalogação-na-fonte.
Sindicato Nacional dos Editores de Livros, RJ.

M694e

Moderno, João Ricardo
    Estética e imaginação criadora / João Ricardo Moderno. - 1. ed. - Rio de Janeiro: Forense, 2016.
    il.

    ISBN 978-85-309-6574-7

    1. Oratória. 2. Comunicação oral. I. Título.

16-32955   CDD: 808.51
                                                            CDU: 808.51

SUMÁRIO

Prefácio VII
1. Adorno e a filosofia como liberdade da razão e da imaginação 1
2. Estética da filosofia em Deleuze – notas adornianas sobre a teoria deleuziana da criação do conceito filosófico 37
3. Elementos da estética de Leibniz e o intelectualismo estético alemão do século XVIII 61
4. Estética brasileira contemporânea: o século da maturidade 69
5. O assombro da imaginação criadora 87
6. Leonardo Prota e a filosofia francesa 91
7. Estética do futebol 109
8. Atualidade negativa de Adorno – notas paratáticas sobre Paralipomena e introdução primeira 129
9. Estética da comédia – a tragédia, a verdade e a contradição 151
10. Gil*perto* da poesia 159
11. João Cabral, do Recife à Jerusalém celeste 171
12. O gênio da história e a história do gênio 175
13. Ontoestética do idoso 181
14. Enigma e contradição estética em Adorno 193
15. *Montaigne et le paradoxe de la barbarie – le royaume des cannibales et les cannibales du royaume* 205
16. Variações sobre o pensamento de Ionesco 219

PREFÁCIO

Sergio Paulo Rouanet

O novo livro de João Ricardo Moderno é uma coletânea composta de 16 ensaios. Os ensaios podem ser divididos em dois grupos: os que tratam de questões teóricas e os que tentam aplicar o método adorniano para iluminar questões concretas. Pertencem ao primeiro grupo, entre outros, ensaios como "Adorno e a Filosofia como liberdade da razão e da consciência"; "Estética da Filosofia em Deleuze"; "Elementos da estética de Leibniz e o intelectualismo estético alemão do século XVIII": "Estética brasileira contemporânea: o século da maturidade"; "Leonardo Prota e a filosofia francesa"; "Atualidade negativa de Adorno"; "Estética da comédia"; "Gilberto da poesia"; "João Cabral de Recife à Jerusalém celeste"; "O gênio da história e a história do gênio"; "Enigma e contradição estética em Adorno", "Montaigne et le paradoxe de la barbarie"; "Variações sobre o pensamento de Ionesco". Nesse primeiro grupo de ensaios, de caráter teórico, Moderno reproduz basicamente as formulações de Adorno sobre os dilemas e paradoxos da razão. Para ganhar tempo, tentarei resumir aqui, sob minha própria responsabilidade, as grandes linhas deste tema.

Para Adorno, o pensamento tem uma tendência a chegar ao não conceitual através do conceito, pois a razão quer reduzir toda a diversidade do real às suas próprias categorias. Ela opera através do conceito, cuja lei de funcionamento é a identidade cuja vocação mais profunda é subsumir o não idêntico na unidade do idêntico. O pensamento identificante é inerente à dinâmica da razão, que nivela todos os pluralismos no universal abstrato de conceito. A dialética negativa toma partido pelo não idêntico, quer salvá-lo do jugo da identidade, mas sabe que só pode fazê-lo através do próprio conceito. Todo conhecimento, mesmo o que aspira ao contato direto com as coisas, além do conceito, precisa do pensamento identificante. O erro do irracionalismo é a pretensão de prescindir do conceito. Com isso, todo o sal dialético se evapora, e a "vida", que ele julgava redimir, se revela uma simples miragem. O pensador dialético necessita crer que o conceito pode ultrapassar o conceito, pois de outra forma deve capitular. Enquanto consciência sistemática da não identidade, a dialética negativa não pode desesperar de sua capacidade de atingir o não idêntico. Seu *telos* é romper pelo pensamento a supremacia do pensamento sobre seu Outro. A utopia do conhecimento é abrir com os conceitos o reino do não conceitual, sem o igualar a eles. O pensador dialético sabe como essa utopia está distante, mas deve comportar-se como se o *telos* fosse alcançável. A faculdade que visa àquilo sobre o qual não tem nenhum poder de algum modo já participa da natureza do que é visado: pois seu objeto, o não idêntico, é a esfera da impotência absoluta. Nesse sentido, podemos dizer que o pensamento é a mimese do não idêntico, a imitação daquilo que é tão impotente quanto ele próprio. Nisso ele tem afinidades com a arte, refúgio da mimese. Mas deve resistir à tentação de imitar a arte. Sua afinidade com ela não o autoriza a apropriar-se do seu estilo de conhecer.

PREFÁCIO

A filosofia que imitasse a arte se autoanularia. O que é comum aos dois não é o modo de proceder, mas uma atitude que proíbe todas as pseudomorfoses. Ambos devem ser fiéis à lei de sua forma: a arte, na medida em que resiste a todas as significações, e a filosofia, na medida em que resiste a toda imediatidade. O conceito tem a nostalgia do imediato, domínio próprio da arte, mas não pode sucumbir a essa nostalgia: órgão do pensamento, e ao mesmo tempo muro que o separa do que está sendo pensado, o conceito não pode nem fechar-se a essa nostalgia, que o impulsiona em seu trabalho, nem ceder a ela, porque abdicaria do que tem de mais próprio. Em sua relação com a arte, a função do pensamento – a teoria estética – é despertar nela a mimese adormecida, como eco da liberdade original. Através da razão, a humanidade percebe na arte o que a razão tinha esquecido. A arte se opõe tanto ao conceito quanto à dominação, mas precisa do conceito para articular essa oposição. Na dialética negativa, como na teoria estética, a missão do pensamento é a mesma: ir além do conceito, por intermédio do conceito.

Se Moderno tivesse se limitado a essas noções básicas sobre a teoria da razão, resumidas acima, já teria feito obra útil, considerando a excepcional complexidade do tema. Diga-se de passagem que o tradutor para o inglês da *Dialética Negativa* achou o livro tão difícil que o considerou virtualmente intraduzível. Ser considerado incompreensível, aliás, parece ter sido o destino das pessoas ligadas a Adorno. A tese de livre docência de Walter Benjamin sobre o drama barroco, por exemplo, foi recusada porque os professores da banca examinadora disseram não ter entendido uma só palavra do texto.

Mas Moderno fez mais. Em vez de mimetizar a linguagem de Adorno, ele fez obra original, utilizando os instrumentos analíticos criados ou desenvolvidos por Adorno, para estudar objetos sociais específicos. São os ensaios do segundo grupo, aos quais pertencem entre outros os intitulados "Estética do futebol"; "Atualidade negativa de Adorno"; e "Ontoestética do idoso".

É um prazer a leitura da "Estética do futebol". Moderno rastreia as inúmeras referências ao belo e à beleza no vocabulário do futebol. É uma estética que vai da beleza do gol à beleza da comemoração por parte dos vitoriosos. Diz-se "um belo passe", uma "linda jogada". Se futebol é arte, o jogador é artista. O jogador--artista desenha, esculpe e pinta jogadas e gols. Pois toda jogada é um espetáculo visual, plástico e teatral. Moderno se fascina com a formação, no estádio, de um Eu plural, comunitário, solidário. Esse coletivo realça a *virtù* dos indivíduos que o compõem a glória dos respectivos coletivos. O jogo engendra às vezes o entusiasmo radical, no sentido etimológico (estar possuído por um deus). É a mania, delírio ou loucura sagrada. Moderno arrisca um neologismo latino para caracterizar essa insânia: *furor futebolisticus*, termo bárbaro que alguns puristas talvez preferissem substituir por *furor ludopedicus*. Esse é o lado dionisíaco da poética do futebol. "Há um transe em campo", diz Moderno, "e fora dele; mal direcionado, esse transe de massa pode gerar a violência nas arquibancadas; bem direcionado, gera a beleza das torcidas coloridas, criativas e civilizadas". Creio que ninguém usou tão bem como Moderno o aparelho conceitual de Adorno para descrever os vínculos de solidariedade grupal em sociedades contemporâneas, bem como o fenômeno oposto, a agressividade dentro das sociedades e entre elas. O primeiro tipo de agressividade leva ao fenômeno descrito por Moderno – a violência antissocial, que no caso do futebol se manifesta no hooliganismo; e o segundo tipo leva à guerra.

No ensaio "A atualidade negativa de Adorno", Moderno mostrou como o conceito de não identidade migrou da esfera estética para a política e sociológica. A não identidade, como quintessência mesma do pensamento crítico, diluiu-se em um compromisso positivo, conciliador, com o sistema repressivo. A "busca do consenso rompeu com a radicalidade do princípio da não identidade, ao visar a eliminação das contradições, tensões e paradoxos artísticos". O mundo coerente da identidade prevaleceu sobre o mundo anárquico e contraditório da não identidade, refúgio e origem da arte.

O ensaio "Ontoestética do idoso" é o mais idiossincrático deste livro pouco banal, pois nele Moderno faz uma coisa a que estamos pouco habituados desde a descristianização do mundo: Moderno é católico, e sua fé religiosa fica expressa no texto, sem nenhum esforço para estabelecer uma ponte entre os enunciados "racionais" devidos à Revelação. Ele faz análises fenomenológicas brilhantes sobre o corpo do idoso, sua inserção no tempo – "a vertente física da ontologia do idoso tem na forma do corpo as cicatrizes do devir. O corpo do idoso é a logomarca ontológica, o selo do tempo". Perfeito. Mas, logo em seguida, Moderno diz que o homem tem uma alma, afirma que essa alma é imortal, e que temos provas irrefutáveis de que ela fica preservada na imortalidade: "Disso temos inúmeras provas de fé e de razão".

Nem todos concordariam com essa última frase. O que ninguém pode negar é a importante contribuição de Moderno para a compreensão do pensamento (às vezes sibilino) de Adorno; e a aplicação desse pensamento para interpretar fatos sociais contemporâneos no Brasil e no mundo.

Rio de Janeiro, julho de 2016
Sergio Paulo Rouanet
Membro da Academia Brasileira de Letras
e da Academia Brasileira de Filosofia

ADORNO E A FILOSOFIA COMO LIBERDADE DA RAZÃO E DA IMAGINAÇÃO

1

I
Introdução

Momento Mimético ou Expressivo e Momento Conceitual ou Científico

Ao terminar sua aula de 29 de maio de 1962, Adorno indica Platão como o primeiro a unir, de fato, a ideia de amor ao objeto da filosofia, tal como no *Fedro* e no *Banquete*, associando a captação do mundo das Ideias como "momento de um determinado comportamento do pensar subjetivo", por ele, Adorno, considerado como constitutivo do "autêntico filosofar", ao fundamento mesmo da filosofia. Diz Adorno que "esta unificação do conteúdo transcendente ou absoluto a que tende a filosofia, mesmo que inutilmente, e daquele modo de comportamento entusiástico, me parece que segue sendo o requisito de todo pensar filosófico" (cap. 6, p. 62).

Adorno considera que em Platão "o caminho pelo qual a consciência se eleva a essas Ideias, portanto, o caminho da filosofia, e a hierarquia do ser, desde o mundo aparente em que estamos desterrados até o mundo do absoluto, são uma única e mesma coisa" (cap. 6, p. 62).

2 ESTÉTICA E IMAGINAÇÃO CRIADORA

Atingir as Ideias é um processo gradativo submetido a um incessante enfrentamento de mediações de natureza hierárquica, em constante elevação desde que o espírito decida radical e intencionalmente a uma prática permanente de superação de conflitos e contradições. Não pelo desvio das contradições, na busca de atalhos e superação artificial de etapas, mas na coragem filosófica de condicionar o espírito a uma forma de deixar-se mover pelo trabalho do conflito e da lapidação da matéria bruta do mundo espiritual. Do mundo aparente ao mundo absoluto há um caminho gradativo e hierárquico que forma uma identidade conceitual e ontológica marcada pela dramaticidade do pensamento formado na consciência. Essa identidade é tão mais exitosa quanto mais a liberdade estiver assentada como *a priori* dos objetos da consciência.

Assim, afirma Adorno que "nesta ideia da identidade do movimento subjetivo do espírito e da gradação objetiva dos conteúdos do ser radica efetivamente em Platão o motivo que, poderíamos dizer, proporciona o tema fundamental da filosofia. Se se parte do fato de que a consciência se dividiu no momento mimético ou atividade expressiva por uma parte, tal como a concebe em geral a teoria oficial da arte, e no filosoficamente conceitual por outra parte, poder-se-ia dizer então que a filosofia (e isso se vincula com esse momento do eros ou do entusiasmo) é propriamente a intenção de salvar ou recuperar com os meios do conceito aquele momento mimético, que na verdade está profundamente conexionado com o amor" (cap. 6, p. 62). A reconciliação do momento mimético ou expressivo que vem a ser o momento artístico da filosofia, a partir do eros e do entusiasmo, com o momento científico ou conceitual se dá pela liberdade do filósofo em exercer a sua expressão individual como criação da imaginação em sintonia com a manifestação conceitual ou científica, objetiva, que deve acompanhar a intuição filosófica para que ela isoladamente não se torne somente artística, pessoal e arbitrária. O conceito filosófico é o leito natural da expressão criadora da razão filosófica, que somente pode alcançar essa plenitude através do domínio científico do conceito. Caso contrário, a atividade filosófica torna-se arbitrária, como nas expressões do pensamento como concepção de mundo, pervertendo-se em ideologia, origem dos totalitarismos comunista e nazista. O amor como fonte mesma do pensamento necessita do conceito. Portanto, em Adorno a criação do conceito se dá em íntima relação com o momento científico, evitando assim a redução da filosofia a uma atividade literária desvinculada do compromisso com a verdade. A atividade da razão através da cientificidade do conceito evita a imaginação desregrada e a desvinculação com a realidade empírica. A filosofia como expressão do amor – *filos* – encontra a sua destinação teleológica com a união estável e eterna com o conceito. A ruptura do amor com o conceito, rebaixa o amor e esvazia o conceito. A união indissolúvel do amor com o conceito reforça dialeticamente a ambos. A filosofia é a livre atividade da arqueologia do pensamento em busca da arca do amor perdida ao longo da história da humanidade. Após a Queda, fonte do pecado original, o amor é um desafio permanente. Assim, a filosofia resgata o *filos* associando-o à *sofia*, cimentando para sempre a atividade da razão como expressão do amor.

Encerrando a aula de 29 de maio de 1962, Adorno conclui que "talvez o filósofo não busque a verdade enquanto algo objetivo no sentido corrente, mas que busca ao contrário expressar sua própria experiência com os meios do conceito. Talvez procure criar uma objetivação na linguagem do conceito mediante a expressão. E assim se destacaria também com grande rigor o conceito filosófico de verdade" (cap. 6, p. 62). A busca de verdade é inerente à construção do pensamento filosófico, e não algo exógeno ou extrínseco, como se a verdade fosse uma coisa a ser encontrada em uma escavação ou topada na rua e incluída no pensamento. O pensamento deve ser verdadeiro de ponta a ponta, em todos os momentos do processo, que é absoluta e rigorosamente pessoal e expresso através dos meios do conceito. A pessoalidade do filósofo é *conditio sine qua non* na expressão da verdade construída através de mediações conceituais fundadas na radicalidade da linguagem do conceito que se manifesta na linguagem como expressão. Filosofia é linguagem pessoal expressa no rigor conceitual, que é produto da criação dialeticamente desembocando na manifestação do conceito. Portanto, o conceito não é uma livre expressão divorciada do momento científico, racional e verdadeiro tal como identificado pelo filósofo simultaneamente na realidade empírica e na realidade da interpretação do pensamento. Do pensamento como interpretação. Nesse sentido, Adorno anuncia a questão da verdade, observando que a ·rerdade é incorpórea, e é resultado final de um processo dramático do pensamento. Só é alcançada como processo, em uma incessante aceleração crítica do sujeito pensante, e não como um objeto tátil, visual ou olfativo à espera de um observador mesmo desatento. É a liberdade do sujeito pensante que o conduz à verdade. Desde que a essa liberdade corresponda a responsabilidade da honestidade intelectual, da ética do pensamento e da estética da expressão filosófica como linguagem.

II

O amor como condição mesma do pensar afasta a filosofia de todas as variações da necrossofia, sobretudo a mais patológica de todas, a de Martin Heidegger. O pensamento heideggeriano elevou a morte como a mais digna completude do ser humano. Heidegger é a mais representativa expressão da misopsiquia, uma psicopatia que conduz o paciente ao amor à morte e ao ódio à vida. Uma "filosofia" que tem a morte como objetivo é uma concepção de mundo descida ao submundo da ideologia. Heidegger e os demais pensadores totalitários são sequestrados pelo ódio e pela morte, e com isso estão na oposição à autêntica filosofia. Basta confrontar Heidegger e Edith Stein, ambos colegas de universidade, mas com destinos bem diversos: Heidegger arquitetou conceitual e filosoficamente a Solução Final contra os judeus, e a judia católica Edith Stein foi assassinada no campo de concentração de Auschwitz. Heidegger foi para o fundo dos infernos, e Edith Stein foi canonizada pelo Papa João Paulo II como Santa Tereza Benedita da Cruz. Um caiu no abismo do ódio e da morte que tanto exaltou, a outra foi elevada por Deus pela sua irrestrita adesão ao amor. Platão e Adorno situam o amor nos princípios e nos resultados da filosofia. O amor e o amor à verdade filosófica tornam a filosofia um objeto completo, afirma Adorno.

Uma das mais impressionantes fontes de liberdade da filosofia consiste no que Adorno chama de falta de objeto do pensamento: "Devo esclarecer com mais detalhes a ideia de que a filosofia não tem seu objeto, mas que o busca. Põe em primeiro lugar em jogo o sujeito de modo muito diferente ao das ciências particulares objetivadas e objetivantes. Isto está em relação com o momento expressivo. Quer expressar com conceitos algo que não é propriamente conceitual" (cap. 7, p. 63). A liberdade da filosofia consiste nessa abertura ao objeto, por não ter um objeto definido, como nas ciências positivas. A inconsistência da falta de objeto é a força do encontro do objeto, que somente pode ser encontrado se previamente não houver a limitação de um objeto cientificamente estatuído. Assim, a ausência como vazio objetal se configura como a liberdade de buscar a concretude e a completude de um objeto intencionalmente constituído. A filosofia é a atividade crítica que livremente constitui seu objeto. A inexistência de um objeto a credencia a todos os objetos. A imaterialidade objetal da filosofia adormece no momento expressivo, à espera do aqueduto do momento científico ou conceitual para se manifestar. O filósofo vai ao encontro do objeto e dos meios conceituais capazes de operar a manifestação. O momento expressivo seria o conteúdo latente, e o momento científico ou conceitual o conteúdo manifesto. As contradições entre o momento expressivo ou latente e o momento conceitual ou científico são resolvidas no seio mesmo do processo crítico do pensamento filosófico, ao serem interiorizadas nas mediações do pensamento, e não afastadas como inconvenientes. Os conflitos entre o fundo imaterial do momento expressivo, que segundo Adorno resiste à manifestação conceitual, em emergir à superfície científica, e a realização do conceito como momento científico, que luta para dizer o indizível, ou que demora a ser dito, são resolvidos na linguagem. O processo da palavra é quase que uma expressão da luta pela sobrevivência. A palavra precisa ser dita. Ela precisa alcançar seu objetivo, que jamais é exógeno, e jamais se encontra à espera do filósofo como que numa prateleira de supermercado.

O filósofo precisa construir a palavra. Precisa superar a linguagem através dos instrumentos da linguagem. O objeto nasce em meio aos conflitos e contradições do pensamento com a linguagem. O objeto torna-se, é um vir-a-ser, é esculpido pela linguagem. Algo imaterial vai se tornando objeto. Nessa intuição já estão potencial e misteriosamente contidas as inúmeras possibilidades conceituais oriundas da massa expressiva latente.

Adorno atinge em cheio os adeptos da filosofia analítica, ao afirmar: "À famosa frase de Wittgenstein de que só se deve dizer o que se pode expressar com clareza, e que sobre todo o resto se deve calar, poder-se-ia opor o seguinte conceito de filosofia: a filosofia é o esforço permanente e inclusive desesperado de dizer o que não se pode propriamente dizer. Em minhas explicações, o chocante era aquela formulação que repito com mais calma: o conceito de filosofia não coincide imediatamente com o conceito de verdade, ao menos tal como se usa o conceito de verdade pré-filosófica e extrafilosoficamente" (cap. 7, p. 63). A assertiva autoritária de Wittgenstein quer impor-se como padrão único e universal do pensamento, conduzindo ao silêncio aqueles que porventura não se "expressem com clareza", como se o pensamento wittgensteiniano fosse o modelo do pensar e expressar com clareza. Sentencia ao silêncio, a calar a boca, todos os que ele julga fora do âmbito da clareza, como se o conceito de clareza fosse dado e aceito universalmente. Afinal, falta clareza à própria frase de Wittgenstein, mas mesmo assim o deixamos falar, e não o condenamos a calar a boca como ele o faz aos que não seguem as suas diretrizes filosóficas. Ninguém sabe o que vai dizer, pois o discurso filosófico não fica pronto à espera de alguém que o traga ao público. Filosofia é esse esforço "desesperado" de criar um discurso, tecê-lo, descobri-lo, inventá-lo, construí-lo, formá-lo e lapidá-lo. Certamente, a massa pensante informe tem as suas próprias resistências a se deixar pensar. A minha liberdade consiste na inexistência do pensamento como fundamento do pensamento. Eu vou pensar o que não foi pensado, ou o que não pode ser pensado a não ser pelos recursos imponderáveis do próprio pensamento que não se sabe como autoconsciência prévia. Filosofia é o que se faz filosofia quando ela é feita. Ser claro é pensar filosoficamente o mistério do pensamento como linguagem, e o mistério da linguagem como pensamento. Esvaziar a filosofia do seu mistério é esvaziar toda a filosofia. A liberdade da filosofia é poder penetrar no mistério da linguagem filosófica e torná-la mistério renovado agora público. O mistério se torna público.

A liberdade da filosofia consiste em Adorno na aproximação ingênua diante do mundo, tal como as crianças, pois é no assombro de ver o mundo como se fosse pela primeira vez que nos credenciamos a rejeitar as ideias recebidas simplesmente porque estão disponíveis nas prateleiras da facilidade. Adorno continua a sua aula: "Se mal me lembro, quando comecei a ocupar-me de filosofia, não consegui propriamente encontrar as verdades consagradas. Queria bem mais poder expressar o que a mim se manifestava como relevante no mundo, o que experimentava no mundo como algo essencial, sem consideração se com isso encontrava a fórmula das verdades absolutas. Pelo contrário, desconfiei de antemão de tais fórmulas e de tais pretensões. Eu posso pensar perfeitamente que uma pessoa que, por assim dizer, se aproxima ingenuamente da filosofia, e que, portanto, não chega com conceitos filosóficos pré-fabricados, tem a sensação de expressar o que propriamente acontece com ela ou o que experimentou autenticamente no mundo, muito mais que a de crer ser dono de um sistema, juízo ou qualquer coisa semelhante, ou ser dono da essência absoluta e verdadeira das coisas ou algo parecido. Nisto a filosofia se relaciona profundamente com o momento da expressão, no momento que Horkheimer e eu designamos como o mimético na Dialética do Esclarecimento. Quando a filosofia busca uma verdade, esta não consiste primariamente em um ajustar-se de afirmações, juízos ou pensamentos a um conteúdo já dado, mas que se refere muito mais ao momento da expressão. Explico isso de maneira um tanto vaga. Porém, é melhor expressar isso de modo um tanto vago, convenientemente e adequado que com precisão, se com isso se falseia" (cap. 7, p. 64). A propósito da *Dialética do Esclarecimento* (*Dialektik der Aufklärung* – Philosophische Fragmente), Adorno, em *Filosofia e Divisão do Trabalho*, nas Notas e Esboços finais, adverte que "a filosofia não é a síntese, ciência básica ou ciência-cúpula, mas o esforço de resistir à sugestão, a decisão resoluta pela liberdade intelectual e real. (...) Sua voz pertence ao objeto, mas sem que este a queira: ela é a voz da contradição que, sem ela, não se faria ouvir, mas triunfaria em silêncio" (*idem, ibidem*, Rio de Janeiro: Ed. Jorge Zahar. p. 227, trad. Guido Antonio de Almeida).

Filosofia é contradição, e sua voz pertence ao objeto. O filósofo vocaliza as vicissitudes do objeto, conquanto ele o ausculta criticamente. O objeto fala através do filósofo. Como o objeto, seja ele qual for, é um emaranhado de contradições, estas são incorporadas ao discurso, à linguagem mesma que o filósofo desenvolve e se serve para estar próximo à verdade do objeto, mesmo que com pouca clareza. Trair o objeto em busca de uma precisão e um rigor não só falseia o objeto como caracteriza o filósofo como impostor. O filósofo rompe o silêncio do objeto, e sua responsabilidade moral reside nesse compromisso, e jamais com a ideologia. Nenhuma atividade da razão se compara à filosofia quanto a liberdade, visto que, pela sua própria natureza, a filosofia livremente escolhe seu objeto e livremente o discute. Isso não significa, ao contrário das filosofias como concepção de mundo ou *Weltanschauung*, que a própria língua alemã considera sinônima de ideologia, que a filosofia seja uma atividade cuja liberdade se confunde com arbitrariedade. O pensamento como exercício da imaginação arbitrária valendo-se da razão para legitimar algo inexistente no mundo real. Os caminhos da interpretação do mundo real são vários, mas o princípio da razão é universal.

Continua Adorno: "Peço encarecidamente que não me desaprovem tal vaguidade, senão que ao invés disso pensem se em vocês não acontece algo semelhante: a necessidade de dizer. Em Tasso, lemos que, quando o homem emudece em seu tormento, um deus o autoriza a dizer que sofre. É isto o que na realidade inspira a filosofia. Quase se poderia dizer que traduzir a dor por meio do conceito. A filosofia não é um espelho segurado de fora que reproduz qualquer realidade, porém, muito mais a intenção de obrigar a se objetivar a experiência ou esse querer dizer" (cap. 7, p. 64). Objetivar a dor como pensamento crítico é parte do momento mimético ou da expressão, que justamente só pode ser pessoal, visto que a dor causal é pessoal. A pessoalidade da dor não significa que o filósofo somente sofra com seus problemas pessoais; ao contrário, o filósofo, à imagem e semelhança do poeta, é aquele que sofre com a humanidade, pela humanidade e para a humanidade. Em Adorno, arte e filosofia são a resposta criadora ao sofrimento acumulado. As obras de arte e de filosofia são as lágrimas da civilização. O filósofo é o poeta da razão. A dor humana envia seu sofrimento à razão, que imediatamente começa a processar a expressão pessoal sob a filtragem e a linguagem da razão. É preciso dizer algo que não se sabe exatamente o que é, mas que somente se poderá saber ao longo do processo do dizer como linguagem filosófica. Ninguém sabe antecipadamente tudo o que poderá ser dito, a não ser depois de dito. Nisso a filosofia se identifica com a arte, pois nenhum artista tem a obra de arte por completa na sua mente, pois isso negaria rigorosa e conceitualmente a ideia mesma de criação, que pressupõe que, por ser criada, ela não possa nascer pronta. Filosofia é a expressão conceitual do drama humano. O motor do pensamento é a dor. A capacidade do filósofo se manifesta nessa habilidade ao transformar a dor em linguagem filosófica. Dor é linguagem. A dor da linguagem é a linguagem da dor. Logo, linguagem é dor. Essa força misteriosa interior que nos impulsiona a querer e dizer algo é incontrolável. Assim como todo nosso esforço filosófico é de controlar o desespero e transformá-lo em filosofia através da linguagem. Eu tenho a liberdade de filosofar sobre o desespero pessoal e universal. Nisso, eu estou com Ionesco quando confessa que "Eu não sei quem eu sou. Eu não sei o que eu faço aqui. Eu não sei nem de onde eu venho e nem para onde eu vou" (*L'homme en question*. Paris: Gallimard, 1979. p. 7).

A fragilidade da filosofia é a sua força, como em tudo o que se refere ao amor. É da fragilidade que o amor retira sua força. Sustenta Adorno que "pensar em sentido pleno, quer dizer, pensar onde não estamos dirigidos por exigências de quaisquer disciplinas ou fins, tem algo desse caráter. Todavia, as coisas mais sérias, nas que se trata realmente da verdade, são sempre as mais frágeis.

A verdade não é algo firme que temos na mão e que podemos levar confiantes para casa. Não em vão é justamente Mefistófeles o que, como representante de um pensar coisificado, exige algo parecido. A verdade é sempre e sem exceção algo extremamente frágil, e o mesmo ocorre com o conceito de filosofia que lhes indiquei. Não entendo por isso um lançar-se a pensar como "*amateur*" segundo necessidades ocasionais e individuais, mas que, pelo contrário, esse pensar "*amateur*" e indisciplinado se associa em geral à representação objetivada da filosofia, à ilusão de poder encontrar ou construir uma fórmula com a qual possuir algo assim como a pedra filosofal" (cap. 7, p. 64). A fragilidade da pessoa apontada por Ionesco é a condição mesma do criar e pensar seriamente. A fragilidade é a condição da liberdade. Só é livre quem é frágil. A certeza absoluta é inimiga da verdade. A fragilidade é a abertura a todas as possibilidades do ser e da verdade. "Filosofias" da vontade e da verdade absolutas, como a de Heidegger, conduzem o pensamento ao totalitarismo e as vítimas à morte. A filosofia transforma pensadores em carrascos sofisticados. Estes carregam a convicção, a euforia, a arrogância e o otimismo autoritários enquanto carregam suas vítimas para os campos de extermínio. Todo carrasco carrega também a pedra filosofal com a qual esmaga o cérebro dos frágeis, ou como disse Heidegger, "a essência do ser é o combate. Todo ser passa pela decisão, a vitória e a derrota. Não se é simplesmente deus ou homem, mas com o ser acontece a cada momento uma decisão combativa que situa o combate no ser. Não se é servo porque isso existe em meio a muitas outras coisas, mas porque esse ser guarda nele uma derrota, uma deficiência, uma insuficiência, uma pusilanimidade, e talvez mesmo um querer-ser inferior e fraco" (Gesamtausgabe 36/37,

Frankfurt, Vittorio Klostermann, 1994). Heidegger é o Mefistófeles da filosofia universal. Os que o seguem pensam também trazer no bolso a pedra filosofal, com a qual atacam ferozmente seus inimigos, pois para Heidegger e os heideggerianos todos são inimigos quando não são membros da seita: quando não há inimigo, aconselha Heidegger, deve-se fabricar um. O fanático é o que traz a pedra filosofal com a força da vontade absoluta como expressão maior da reificação do ser, e com a qual tratam todos os humanos como desprezíveis coisas. O ódio como motor da filosofia é ideologia. O ódio precisa aterrorizar para convencer. O frágil amor desmancha o forte ódio e instaura a liberdade. O ódio transtorna a filosofia corrompendo-a em ideologia. O filósofo é o poeta da razão.

Ainda a propósito do amor como fundamento da filosofia, segue Adorno: "O conceito de amor caracteriza a filosofia como algo que se move, tal como se expõe pela primeira e autêntica vez no *Banquete* de Platão. O movimento da filosofia consiste em querer expressar aquela experiência da realidade que não se dá no trabalho organizado, e que autenticamente se percebe. A pergunta ou a lei motriz da filosofia consiste em conseguir que essa intenção de expressão, que leva em si sempre a exigência de uma validez objetiva graças a seu meio, o conceito, ultrapasse a mera casualidade do dado que move a pessoa. De modo quase automático se suscita frente a este conceito de filosofia a objeção de subjetividade, de subjetivismo. Quem como eu que já ouviu milhões de vezes tal objeção fica desconfiado por tal automatismo, e suspeita que é mais o reflexo, a batida forte de porta de uma consciência coisificada que o fato da confiança em uma excessiva substancialidade" (cap. 7, p. 65). O fundo da expressão assombrada da filosofia é o amor. O amor é assombro. O assombro é sempre novo; daí a liberdade da filosofia na sua incessante movimentação e inquietação. Contudo, a partir do assombro faz-se necessário o trabalho do conceito orientado pelos rigores científicos da razão, ou os rigores racionais da ciência. Em verdade, a filosofia nasce como cultura pelo momento da expressão, imaginativo ou artístico, e se move como ciência pelo momento do conceito, racional ou científico, para daí então apresentar-se como filosofia, e não como arte ou ciência. O conceito é o instrumento valioso da canalização do momento subjetivo ou mimético em visibilidade objetiva, racional. O conceito exige a depuração dos excessos personalistas, a fim de conduzir o pensar à validez objetiva ou universal. A experiência pessoal do pensamento é o que motiva a sua condução à materialidade objetiva do conceito. Sem essa desvinculação com as disciplinas organizadas da ciência, e sem a incontornável experiência pessoal da realidade empírica e filosófica, o pensamento permanece na zona do diletantismo. O trabalho de linguagem conduz o pensamento do plano estritamente pessoal ao universal, sem perder a pessoalidade inerente ao pensamento filosófico. O pensamento fortuito ou casual deve amadurecer em direção ao conceito permanente e causal.

Assim, a experiência é mediatizada desde já pela objetividade conceitual, pois, avança Adorno, "em primeiro lugar, há algo de objetivo na própria experiência que quer trazer a filosofia à linguagem. Não há experiência sem algo experimentado. Esse descascar tal núcleo que ultrapassa a casualidade do dado poderia se caracterizar como a lei do movimento, o progresso interno da filosofia, que se situa na unidade de seu conceito com o do amor. Que a experiência do que fazemos esteja mediada pelo que há por experimentar nos ocorre a todos de modo automático. Entretanto, igualmente toda experiência está também mediada pelo experimentado, coisa na qual se costuma pensar menos, embora com toda certeza não é menos evidente. Sem algo a que se refira, sem um substrato, não há experiência em geral" (cap. 7, p. 65). A filosofia nasce como intuição filosófica já como linguagem, e através desta se desenvolve propriamente falando como filosofia. A intuição é produto da experiência como linguagem, e da linguagem como experiência. A experiência comum antecede a experiência assombrada que, pela intuição filosófica, tem a chance de se tornar filosofia na plenitude. Toda experiência é o resultado da mediação de outras experiências, que somadas qualitativamente podem por acúmulo de sofrimento vir a se tornar uma intuição filosófica, posto que já são linguagem sob a forma da intuição. A continuidade em desdobramentos de pensamento desenvolvidos como linguagem forma a criação filosófica por excelência. O pensamento é experiência como experiência do pensamento. Adorno vincula onticamente o amor ao conceito filosófico, afastando todas as pretensões da conversão do ódio à filosofia. Cada experiência qualifica as experiências seguintes e as simultâneas, e de cada uma podemos extrair o núcleo duro e irredutível que, por lei do movimento do pensamento, seguirá seu curso no seio da linguagem filosófica. A objetividade da experiência lapidada precisa conduzir e ser conduzida pelo pensamento ao progresso da filosofia, isto é, ao trabalho consistente de objetivar a subjetividade do assombro individual e intransferível até então. Filosofia é transferir o intransferível.

Explica Adorno que "poderíamos chamar à objetividade dessas experiências originárias o caminho da filosofia, que não é mera exploração nem ganho de seu sustento. Este conceito da experiência originária que eu apliquei aqui alcançou grande dignidade nos tempos modernos. Tanto o conceito de intuição de Bergson como o conceito da intuição que se dá originariamente de Husserl, e inclusive o conceito heideggeriano de ser, coincidem na intenção de traduzir a uma esfera de objetividade que se opõe como correlato à experiência originária, aquilo que acontece em tal experiência originária antes dos preparativos conceituais" (cap. 7, p. 65). A aula de Adorno é uma ocasião única de conhecermos o seu processo pessoal de pensar filosoficamente. Somente nas suas aulas, dada uma certa informalidade e sinceridade junto ao corpo discente, ainda nos primeiros anos de estudo universitário de filosofia, é que podemos ouvir diretamente dele as nuanças do seu processo criador de filosofia. A esfera da objetividade é o momento conceitual, precedido pelas experiências originárias, que por sua vez antecedem os por ele chamados preparativos conceituais. Eis o resumo do processo adorniano do pensamento e sua disciplina rigorosa em direção à filosofia.

Indo adiante, Adorno esclarece que "Wilhelm Weischedel crê que o conceito de filosofia tem propriamente sua medida e substância no que chama protoexperiências. Com isso se delineia um problema. Não que eu queira negar que aconteçam tais experiências primárias. Vocês terão observado que eu mesmo, quando falei de necessidade filosófica, eu as incluí, só que, ao mesmo tempo, eu lembrei a vocês que essa experiência originária não é algo primário nem último, senão que, como dizemos em filosofia, é algo mediado em si mesmo. Não se pode pensar sem o momento do sujeito, porém tampouco sem o momento que se lhe opõe, já que ambos se unem conjuntamente. Eu conservo, em certo sentido, este conceito de experiência originária. Creio que, frente ao enorme peso do mundo coisificado, meio pelo qual nos subtraímos à aparência que nos inflige esse mundo endurecido e pré-fabricado consiste em que efetivamente somos capazes de tais experiências, nas que, quase diria, conseguimos um momento de ingenuidade. Desta maneira, e paradoxalmente, a filosofia que tem como primeiro fim a exigência da falta de ingenuidade, no sentido de não se deixar levar idiotamente, e de que não compra tudo o que o mundo diz, mas que, me atreveria a dizer, se está como uma criança que se empenha em deter-se com o que lhe salta à vista" (cap. 7, p. 66). Eis a dialética da ingenuidade. Ingenuidade aqui não é consciência ingênua, mas, sim, a ingenuidade como princípio da integridade do espírito. As afirmações peremptórias têm o defeito de não serem dialéticas, fechando todas as portas e janelas para as mediações, nuanças, diferenças, contradições, tensões e conflitos em geral. O momento do sujeito é o da experiência pessoal ou protoexperiência, que se conflita com o mundo reificado e automatizado, e quer reduzir tudo aos efeitos da mecatrônica. Nada mais afastado do pensamento autônomo que o pensamento autômato. O momento de ingenuidade é o ápice do pensamento autônomo, revelando a capacidade do sujeito individual de não só manter como progredir na santidade do pensar. O momento de ingenuidade é o momento do amor revelado pelo pensamento. O amor produz a ingenuidade necessária às intuições da verdade. Com isso, na filosofia adorniana, superamos criticamente a idiotização do mundo através de cada sujeito heterônomo, que assim pode conduzir à descoisificação rumo ao sujeito autônomo. O amor é ingenuidade, pureza e santidade, por isso o filósofo permanece na fase adulta com os traços da sua infância elevada à condição de fonte primária do pensar crítico. A ingenuidade crítica é o antídoto contra a idiotização. Nada menos ingênuo que a filosofia, mas paradoxalmente ela nasce da santa ingenuidade. Essa a verdade interna da filosofia. O amor é a fonte dos momentos mimético, de ingenuidade, de expressão e do sujeito individual que se encontrarão na progressão do pensar com os momentos conceitual, científico e impessoal da razão filosófica. Assim, através do conceito podemos dizer o que não é conceito, o momento do amor ou da expressão individual ou pessoal. Através das mediações da impessoalidade do conceito o filósofo organiza a pessoalidade do momento do amor.

Procurando advertir seus estudantes dos riscos dos congelamentos no absoluto, Adorno faz as devidas nuanças: "Contudo, quero por outra parte, e creio que é essencial para a determinação do conceito de filosofia, não absolutizar ao mesmo tempo esse conceito de filosofia, não absolutizar ao mesmo tempo esse conceito da experiência do que se quer dizer. Inclusive, é no processo do movimento filosófico, no processo do pensamento, somente um momento. Certamente, este não pode ocorrer sem tal movimento, e, desde logo, não só geneticamente. Se não se vê na coisa algo originário, se a alguém nada lhe salta à vista, então é de antemão supérflua toda compreensão que se possa chamar filosófica em geral. Não obstante, o progresso deste conhecimento mostra o que eu chamei de mediação da experiência originária. Deste modo não permanece nela, esta se ordena em contextos muito mais complexos. Por isso variam decisivamente as chamadas experiências originárias. Creio que tanto minhas experiências filosóficas iniciais como até em meu atual pensamento me mantive pensando-as de maneira que quase eu poderia dizer que sua orientação girou 180 graus. Também se pode explicar isso dizendo que a filosofia como expressão, no sentido anteriormente apontado, representa no pensamento o que não é conceito, o que não dispõe nem classifica. Nisso se abriga a filosofia, e é um momento que a diferencia constitutivamente da ciência, algo como uma certa afinidade com a arte, que um dos maiores filósofos especulativos, Schelling, converteu em um órgão da filosofia" (cap. 7, p. 66). O conceito vem se confirmar como o momento da razão que será a condutora das intuições ou experiências originárias, que não são buscadas, mas encontradas pelo dom, pelo talento, pelo gênio, pela imaginação e pela simplicidade do amor ingênuo. Contudo, a expressão tornada conceito já nasce com uma marca da linguagem pré-conceitual, pois a intuição do momento mimético ou de expressão já como que exige uma continuidade crítica como momento conceitual ou científico. Sem o assombro da mediação da experiência originária não se alcança nada de filosófico, e jamais se conhecerá o momento seguinte, que nasce do primeiro, o momento do conceito. O conceito nasce do não conceito, conquanto este deva estar desde sempre mediado por aquele. A virtude do não conceito ou momento da expressão é que ele, por autenticidade e verdade internas, desemboca no conceito como que por seguir a sua própria natureza. Eis o paradoxo. A conversão do momento de expressão no seu oposto revela que não se trata de uma oposição mecânica, ou mesmo nem se trate de uma oposição burocrática. O conceito é uma consequência natural da evolução filosófica do que já nasceu filosófico no momento de expressão ou experiência originária. Embora de naturezas aparentemente opostas, um e outro momento são mediados um pelo outro. Cada qual leva as marcas do outro. Só há liberdade nesse encontro autêntico de naturezas complementares, pois ambas nascem como livres, ou melhor, só podem surgir em ambiente de liberdade. Sem liberdade não tenho acesso à ingenuidade originária.

A fim de deixar mais clara sua reflexão, segue Adorno na aula: "Inclusive em um pensador como Hegel, a quem sempre e em alto grau se atribuiu a sobriedade, não se pode negar que a imanência plena de seu sistema, e portanto o fato de que este sistema não reproduz nem iguala à realidade, mas que ele mesmo quer ser uma realidade totalmente desenvolvida em si, põe em relevo, mesmo que a *contre-coeur,* esta afinidade interna da filosofia e a arte. E isto mesmo que esta realidade do pensamento exija ser a realidade absoluta, quer dizer, a própria realidade; mesmo que em Hegel a própria arte fique relativizada a uma etapa, e mesmo que só seja um passo do espírito em seu caminho imanente para o absoluto. Todavia, ao dizer isto também há que estabelecer fronteiras. Frente à arte, a filosofia representa o não conceitual sempre e só por meio do conceito, ou bem representa o que não se pode pensar mediante o pensamento. A filosofia tem sua vida na elaboração extenuante deste paradoxo, na intenção de distinguir o que parece uma contradição insolúvel, até fazê-la possível. O caminho que percorre, se pretende tal nome, quer dizer, o caminho que vai da experiência originária à sua objetivação, e portanto à teoria filosófica desenvolvida, é propriamente o esforço do conceito para representar o momento não conceitual, e impô-lo na síntese" (cap. 7, p. 66, 67). Sendo o conceitual um desdobramento natural da evolução do não conceitual, que é o momento de expressão ou da arte, nada mais coerente que essa origem imprima seus caracteres genéticos na fase conceitual ou científica. Esse fato evidencia o que da arte se dirige à filosofia, e o que da filosofia se dirige à arte, resultando em filosofia propriamente dita. No percurso inverso, observa-se o que da filosofia se dirige à arte, e o que da arte se dirige à filosofia, resultando em arte por excelência. As mediações são uma via de mão dupla. No primeiro caso, a razão dilui a imaginação criadora, ao passo que, no segundo, esta dilui aquela. O pensamento extrai do não conceitual aquilo que pode se fazer linguagem filosófica. E, no caso inverso, a imaginação criadora extrai do conceitual aquilo que pode se fazer linguagem artística. Em ambos os casos, o paradoxo cruzado dos momentos da imaginação criadora e da razão. A rigor, poder-se-ia dizer que a ausência ou a debilidade do momento não conceitual na atividade filosófica do sujeito individual reduz esta a um exercício da racionalidade formal, sem as experiências originárias ou proto-experiências que caracterizam por excelência a originalidade do pensamento individual. Se ao filósofo não foi permitido sentir a emoção da experiência originária ou intuitiva, o seu pensamento fracassou. A razão isoladamente não lhe dá acesso ao universo do pensamento como tal enquanto experiência pessoal intransferível. Ao fracasso do pensamento autenticamente individual restam o panegírico sem alma, a adulação emocionada, a repetição fanática ou a ofensa inócua.

Atingimos aqui o eixo central da aula de Adorno, que nos seguintes termos avança penetrantemente no discurso sobre o cerne do pensamento filosófico: "A filosofia é nesse sentido uma espécie de processo de revisão racional frente à racionalidade e, por isso, conceitos tais como racionalismo e irracionalismo, assim como a polêmica inteira do racionalismo, em certo sentido só apresentam de modo oblíquo o que autenticamente é a filosofia. Talvez se poderia dizer de modo epigramático: se, na arte, a verdade, o objetivo e o absoluto se fazem inteiramente expressão, assim também, pelo contrário, na filosofia a expressão se faz verdade, ou ao menos tende a isso. Nisso consiste o que na filosofia mesma, se não quiser se deter nesse paradoxo, está inscrito o dizer o que propriamente não se pode dizer, o momento da contradição em movimento, progresso e desenvolvimento. E esta contradição radica em seu impulso de querer alcançar com o conceito o não conceitual, com linguagem o não dizível mediante a linguagem. Por isso está na intenção da filosofia, naquilo que quer como movimento, desde o princípio e necessariamente, aquilo que propriamente significa o termo dialética. Possivelmente alguns estarão pensando, e se o terão perguntado, porque em realidade defendo a dialética. Agora vocês verão que a dialética tal como se nos apresenta não é um ponto de vista filosófico entre outros, mas que no problema dialético está contido propriamente o problema da filosofia, se é que a filosofia, tal como tenho tentado apresentá-la, é o terceiro ou o outro frente à ciência e frente à arte. Eu a delimitei frente à arte, e pus em relevo o meio conceitual e, portanto, a possibilidade da passagem da filosofia à verdade. Pelo contrário, ainda que também a arte seja uma manifestação da verdade, não é nunca a verdade intencionalmente, ao passo que a filosofia é o âmbito da expressão cuja intenção é justamente a verdade" (cap. 7, p. 67). Nas aulas Adorno confessa abertamente a determinação absoluta da filosofia em servir à verdade, no mais aberto estilo de defesa da grande tradição clássica do pensamento filosófico. Após uma Europa ter sido devastada pela barbárie, apoiada nas filosofias como concepção de mundo ancoradas na irracionalidade, e mesmo no ódio à razão crítica, Adorno traça um caminho que seria o único em oposição à regressão e à desrazão racista e totalitária. A verdade é a expressão por excelência da filosofia. Filosofia é a expressão crítica da verdade. Neste parágrafo temos duas históricas afirmações de Adorno: a da dialética como a problemática mesma da filosofia, e a da indissociabilidade teleológica da filosofia com a verdade. A afirmação segundo a qual a filosofia é dialética conduz o pensamento a reagir aos desmandos do totalitarismo filosófico, pois que a filosofia enquanto dialética jamais se permite cimentar autoritariamente os conceitos, que passam a ser pensados com dobradiças que se desdobram em novas e surpreendentes possibilidades filosóficas. Em verdade, a primeira afirmação é indissociável da segunda, segundo a qual a verdade é a expressão máxima da intenção filosófica. Ambas formam as duas faces da moeda da filosofia. Em si são dialéticas também. A visão burocrática que procura isolar a dialética como uma espécie de escola filosófica não esconde nem disfarça seu caráter totalitário. A verdade é a expressão final da dialética. O fato que a filosofia seja uma disciplina singular e que não se confunde com as ciências particulares e positivas, que a sua base expressiva e mimética repouse na liberdade ou que esta configure a condição mesma da expressividade, a conduz ao exercício crítico permanente da dialética como a seguir a sua própria natureza. A dialética não é uma opção entre outras, mas a fonte mesma do pensar em liberdade. Filosofia é pensamento de pensamento, e isso significa dialética sobre si mesma, ou dialética negativa, título de sua obra-prima ao final da vida. A contradição é o motor da filosofia. A contradição dialética rompe os obstáculos de um dizer que se protege do discurso filosófico, que resiste à exposição pública da linguagem. A linguagem do pensar dialético liberta a linguagem filosófica. Esta surge em meio ao esforço dramático de se procurar dizer alguma coisa.

Adorno retoma a sua verticalização na procura do conceito de filosofia: "Portanto, se quisermos descer a definições, deveríamos definir a filosofia como o movimento do espírito cuja intenção própria é a verdade, porém, sem imaginar-se possível possuí-la como algo disponível em enunciados isolados ou em qualquer configuração imediata. Precisamente tal limitação foi desconsiderada pela grande filosofia alemã até Nietzsche, e isto talvez tenha sido seu azar. Filologicamente, a segunda parte é *sofia*, sabedoria. A filosofia tem com o saber, com o conhecimento organizado conceitualmente, decidida e estritamente racional, uma relação essencialmente constitutiva. A filosofia se converte em algo arbitrário ou privilegiado quando se corta simplesmente tal relação com a ciência ou com o saber. Penso que para a filosofia esse desprezo pela razão e a ciência, como é dito em algumas formulações de Heidegger, é tão prejudicial como o é também a tendência a acomodar a filosofia como um âmbito objetivo entre outros na consciência coisificada. De fato, as filosofias mais antigas foram tanto intentos de codificação do saber e de explicação científica como também representantes do outro momento aludido (cap. 7, p. 68). Com efeito, Adorno assume integralmente a responsabilidade da filosofia para com a verdade, que constitui um imperativo moral definitivo. Se o filósofo não tiver compromisso com a verdade, teria laços de lealdade e fidelidade com o quê? Consigo próprio, com a ideologia que segue ou que ele mesmo está construindo, com o partido, com o governo ou o Estado? Com tudo isso ao mesmo tempo? As filosofias convertidas em ideologias se apresentam como proprietárias da verdade, quando aí justamente se afastam dela. Quanto mais donas da verdade mais afastadas da verdade, mais autoritárias e totalitárias. A vinculação da *filo* com a *sofia* é "biológica". Esta limita aquela em seus excessos, e aquela imprime a pessoalidade emocional que dá vida a esta, e não permite a hemorragia do espírito. A rigor, a crítica de Adorno à tradição alemã se justifica ainda mais no caso de Nietzsche e Heidegger, não por acaso a dupla do filonazismo e da necrossofia. O abandono da razão desqualifica a filosofia e a credencia ao uso instrumental generalizado como ideologia. A filosofia não pode ser motivada por paixões irrefreáveis, pois gerará paixões incontroláveis. Irracionalismo. Tanto a hemorragia do espírito quanto a hemorragia da razão são evitadas quando espírito e razão se limitam mutuamente. A coisificação da consciência dá-se em ambos os casos quando divorciados e inconciliavelmente afastados. A heteronomia da consciência coisificada é restritiva da liberdade. Ao final, quem sangra é a liberdade. Adorno propõe o máximo de assombro do espírito associado ao máximo de rigor da razão científica. A arbitrariedade da filosofia pode conduzir à arbitrariedade do Estado contra o cidadão, e todas as demais arbitrariedades e liberticídios. E isso não é uma hipótese entre outras, pois os mais de 100 milhões de pessoas assassinadas no século XX pelas ideologias filosofantes comunista e nazista nos autorizam a reivindicar valor de princípio de realidade ao pensamento filosófico. Quem ainda considera a filosofia algo fora da realidade, abandone matematicamente os seus computadores, fundados pela lógica de Aristóteles e Leibniz, e consulte os mais de 100 milhões de assassinados para que prestem depoimento sobre o valor da filosofia na passada vida real deles, suas famílias e seus Estados. Uma das características da consciência coisificada é desconhecer o quanto suas vidas reais dependem da filosofia. O desprezo e o deboche para com a ciência desqualificam a filosofia como atividade da razão crítica.

Entusiasmado com a exposição sobre as relações internas da filosofia, como órgãos constitutivos que se legitimam mutuamente, Adorno persegue o tema: "Agora então, esta relação com a ciência se rompeu na filosofia. A filosofia não é simplesmente uma ciência entre outras, mesmo que seja rica em problemática científica, e ainda que no âmbito filosófico aconteçam também muitas questões cientificamente decisivas, cujo exemplo mais destacado na história da filosofia é a crítica kantiana ao argumento ontológico sobre a existência de Deus. Porém, a filosofia, a causa desse impulso transcendente, que transborda os saberes singulares determinados, não é simplesmente o saber mesmo, mas, sim, a reflexão sobre este saber, que o põe em relação com os outros, e nesse sentido é também crítica do saber. Isso chegou a ser hoje. O que quer dizer que a filosofia não supõe simplesmente a ciência, como era o caso de Kant, buscando uma espécie de justificação da ciência dada, sobre a qual de antemão não cabe nenhuma dúvida. Com todo o devido respeito ao grande Kant, isto tem algo de jogo de ilusão de ótica, posto que se, como se diz no princípio da Crítica da Razão Pura kantiana, se supõe a ciência como algo indubitável, válido e absolutamente respeitável, a intenção de querer derivar depois sua validez tem algo de aparência. Demonstra-se aquilo do que de antemão se está seguro. Muito do que tinha para ele validez incondicionada nas ciências naturais, e, portanto, ele inclui entre os conhecimentos absolutamente válidos e, portanto, também filosóficos – os juízos sintéticos *a priori* –, permanece demonstrado somente em virtude dessa absoluta autoridade. Porém, justamente isso mesmo cai dentro do mundo da experiência, e, portanto, não é compatível com a exigência de absoluto da filosofia tradicional. Pode-se também dizer que hoje em dia todo o comportamento científico cai sob a temática da filosofia. O comportamento científico enquanto polo oposto a essa experiência imediata da qual falei antes é também algo mediado em si mesmo, a saber, pelos fins da divisão do trabalho, e como expôs sobretudo com grande agudeza Henri Bergson em suas análises, algo mediado pelo fim de dominação da natureza, a técnica em geral, de maneira que a ciência não é capaz de expor o imediato ou o último" (cap. 7, p. 68, 69).

Adorno aqui enfatiza a perda histórica gradativa do momento científico da filosofia ou seu afastamento e distanciamento progressivos, com a adoção proporcional da filosofia como concepção de mundo. O pensamento de Marx, por exemplo, procura dissimular o caráter de concepção do mundo confundindo-o com teoria científica, o que, em ambos os casos, não se trata de filosofia, pois ela não é ciência, não é concepção de mundo, e nem tampouco uma versão envergonhada de ambas em uma bizarra conciliação. Se a filosofia fosse uma ciência dentre as outras, tornar-se-ia positiva e teria um papel de parente pobre. A filosofia é e não é uma ciência, é e não é uma arte, e justamente por ser ciência e arte ao mesmo tempo ela é dialeticamente ela mesma. Sublinhar o caráter crítico da filosofia e sua diferença em relação ao saber a qualifica para, dialeticamente, exercer a crítica transcendente e simultaneamente de modo endógeno e exógeno. Essa uma liberdade da filosofia, pois paradoxalmente seu estatuto é não ter estatuto algum. A dependência da ciência não implica a escravização da filosofia por aquela, nem a transforma em cartório de autenticidade da ciência, em uma dependência heterônoma, com função afirmativa subalterna de confirmação. O mito da veracidade absoluta da ciência sobrevive até hoje, mesmo que tenhamos a contestação no interior das próprias ciências, com teorias a partir das quais umas negam as outras parcial ou totalmente. Fosse o conhecimento científico um absoluto não teríamos sequer evolução científica, pois somente pode evoluir aquilo que admite e pressupõe o progresso, a evolução, o movimento e a mudança. Muitos ainda têm "fé" no absoluto da ciência. Contrariados diariamente pela própria ciência, ainda assim permanecem como que acorrentados ao fundamentalismo como integristas científicos. Apropriadamente Adorno critica o uso da filosofia como ferramenta para referendar pura e simplesmente o que já se tem uma certeza que tende a ser absoluta. Ressalte-se que o modelo de ciência em questão é o das ciências naturais, que normalmente nos é imposto autoritariamente como o padrão científico por excelência. Os integristas da ciência e seus seguidores procuram impor ditatorialmente ao conjunto das ciências humanas e sociais, à filosofia e ao restante da sociedade o que eles consideram o modelo divino e eterno, mesmo que internamente as ciências naturais sejam altamente divergentes. Os limites da ciência enquanto dominação da natureza são perceptíveis por dentro e por fora dela mesma.

Completando em termos a relação da filosofia com a ciência, Adorno arremata da seguinte forma: "Precisamente por isso a filosofia não é somente reflexão, autorreflexão do sujeito pensante, senão que é sempre e também reflexão da ciência. Portanto, não é simples ciência fundamental, como se quis fazer crer no século XIX, nem ciência suprema, um sistema de juízos nos quais se compendia a ciência, nem tampouco somente a crítica da ciência. É muito mais uma terceira, consistente na reflexão da ciência, com a qual há de estar em contato estreito e permanente, porém, à qual, entretanto, não se deve entregar por completo" (cap. 7, p. 69). Filosofia na visão adorniana é uma não ciência que se dobra como reflexão crítica sobre a ciência com os recursos da pessoalidade artística e da impessoalidade científica, para produzir algo que transcende a arte e a ciência. Nesse sentido, a famosa e banal frase segundo a qual a filosofia é a ciência maior só faz sentido se não considerarmos a filosofia uma ciência positiva e particular como as outras. Isso seria, a título de elogio, uma profunda descortesia com a filosofia, ao negar-lhe o direito de ser filosofia. O elogio serve para limitar o alcance da própria filosofia, de recusar-se a cidadania filosófica singular. Recusar a altíssima singularidade da filosofia. Como se ao atribuir-lhe o nobre título de "ciência maior" estivessem também insinuando que estão aceitando a filosofia pela formalidade de somente verem nela uma ciência, que seu valor reside nisso, o que no fundo é uma recusa do caráter filosófico autônomo da filosofia. O elogio tem um caráter repressor inconsciente, que tem como resultado a restrição à liberdade da filosofia. Aceitar que ela não é uma ciência, mas que tem vida científica, causa uma certa dificuldade, sendo mais fácil rebaixá-la através de elogios meramente formais. O compromisso com a verdade não é para agradar nem desagradar ninguém. Talvez para agradar a própria verdade.

Quanto ao integrismo fundamentalista já mencionado anteriormente, Adorno continua: "Quisera neste momento procurar impedir tão bem quanto possível um mal-entendido que ameaça esta explicação do conceito de filosofia. Uma das trivialidades comuns a uma consciência filosófica derrotista consiste em desabafar, exclamando em público: a fé na ciência é puro século XIX que hoje perdemos, e que é tão problemática como qualquer outra fé;

por isso podemos, em certo sentido, como filósofos, jogar a ciência no ferro-velho, e nos pormos a pensar nova e alegremente. Considero profundamente enganosa tal argumentação que situa no mesmo plano a fé em um dogma e a fé na ciência sob a categoria formal de considerar-algo-como-verdadeiro, pois não se trata de se a consciência subjetiva tem algo por verdadeiro, mas que trata em realidade do complexo imanente da evidência, da possibilidade de justificação de ambas as esferas em si mesmas. Porém, um pensamento que se subtrai precisamente a esse momento da evidência, a esse momento da comprovação de se verdadeiramente é algo que não se deixa referir como mera opinião, e que portanto não aceita a disciplina que na ciência refuta a simples opinião, está tão longe do pensar filosófico como, ao inverso, um pensamento que só aceita a ciência mesma como modelo da filosofia, e, portanto, já não é dono das experiências" (cap. 7, p. 69). A contradição dos fanáticos pela ciência a tomam religiosamente, como adesão de fé: crer na ciência. Nada mais contrário aos interesses da ciência que a visão fidecientífica que conduz ao fanatismo pela ciência, embora Adorno procure distinguir o conteúdo religioso da fé quanto à dogmática e o conteúdo "religioso" da ciência como dogma. É claro que são absolutamente diferentes. Adorno se afasta de ambas as posições, tanto a que afasta a ciência da reflexão filosófica quanto a que impõe a ciência como modelo a ser seguido pela filosofia. A imposição do modelo científico à filosofia, ao negar as experiências pessoais, nega a própria filosofia, portanto, reprime a liberdade da filosofia.

Assim, orienta Adorno: "Talvez eu possa dar-lhes um conselho nesta introdução à filosofia, que também pode e deve entender-se como uma introdução ao trabalho acadêmico: a desilusão das ciências particulares não procede somente de sua situação hoje em dia muito problemática precisamente no campo das ciências do espírito. É necessária a disciplina não só para defender uma opinião, mas saber também se ela está certa. Esta disciplina exige um sacrifício e exerce uma força que possui também algo de saudável. Prescindam, pois, do mal-estar das ciências particulares e do sacrifício que de todos nós exige não incorrer na desvalorização da própria ciência em um relativismo abstrato, como mero comportamento arbitrário do espírito entre outros comportamentos do mesmo espírito; não digam que não existe a verdade em geral, que basta entregar-se ao que a qualquer um agradar mais. O pensamento científico tem neste contexto a vantagem infinita de ser o meio pelo qual a experiência da qual lhes falei, e que é o começo da filosofia, a tal ponto se extenua trabalhando que é capaz de subtrair-se à sua própria contingência" (cap. 7, p. 70). O pensamento científico no interior da filosofia se nega dialeticamente, fazendo emergir sem arbitrariedades idiossincráticas a pessoalidade mesma do pensamento individual sob o modo do rigor da razão. A defesa apaixonada de uma opinião não assegura um pensar filosófico, mas, sim, e somente, a defesa de uma opinião apaixonada, entre outras. O amor fundador da experiência pessoal se converte em ódio da opinião geral. Adorno, em *Sobre o estudo da filosofia* (1955), afirma com rigorosa objetividade: "A tarefa da filosofia não é adotar um ponto de vista, senão liquidar os pontos de vista. É próprio da filosofia reduzida a ponto de vista o momento de exclusão. Este se identifica com a consciência da contingência do próprio ponto de vista. "Este é meu ponto de vista", quer sempre dizer: não posso tolerar outros. O espírito que teme perder-se em sua própria arbitrariedade e contingência se expande até abarcar a totalidade" (*Vermischte Schriften I* – Miscelánia I, Obras Completas. Madrid: Ed. Akal, 2010. p. 328). Sem o permanente compromisso com a verdade, que funciona como um condicionador objetivo das ideias, que formam o fundo de legitimidade do pensamento filosófico, as opiniões procuram impor-se autoritariamente umas às outras. A vaidade humana impede a consciência do erro pelo apego ao ponto de vista. Apesar de quase sempre o chamado ponto de vista pessoal nunca ser da própria pessoa do discurso, mas, sim, o ponto de vista de outro que ela agora considera privadamente seu. Eis um caso típico da alienação e da coisificação da pessoa. O ponto de vista é a negação do diálogo, e fonte da intolerância. O idioleto filosófico intrínseco ao pensamento oriundo da experiência individual precisa da ciência como contraponto válido para a universalidade da razão. O voluntarismo e o individualismo filosóficos se opõem ao esforço dramático da busca da verdade. Os individualismos filosóficos são a base paradoxal dos coletivismos ideológicos. O excesso de egosofia cria seguidores cegos e campos de concentração e extermínio, nos quais um dia os fanáticos estão do lado dos carrascos, e no outro, do lado das vítimas. O ponto de vista as eliminou.

Finalmente, fechando a sua aula 7, Adorno conclui de modo muito claro, dialético e coerente com todo o seu pensamento: "Entre o momento mimético ou experiencial da filosofia e o momento científico domina uma tensão. A filosofia se falseia justamente no momento em que abandona esta tensão e se abriga em um ou outro dos chamados princípios. Com isso eu delimitei a filosofia com relação àquilo que me parece mais perigoso, o mal-entendido da filosofia como concepção do mundo. Quando a filosofia, isolada, sem experimentar contato com a ciência, permanece simplesmente em tal momento expressivo, que por outro lado já ordinariamente desde o início é falseado e coisificado, degenera em seu oposto. A concepção do mundo se opõe à filosofia tanto quanto o pensamento coisificado. Quase se poderia dizer que ciência e concepção de mundo são as partes separadas daquilo que significa filosofia, e que já não se pode recompor ou reestruturar a partir de tais elementos separados entre si. Talvez só se possa conseguir que ambos momentos se medeiem entre si, e sejam captados em sua dependência mútua. Porém, precisamente o pensamento que crê poder apoderar-se desse todo, cindido e dividido no trabalho científico, de modo imediato e como por encantamento, isto é, meramente por ato subjetivo, justamente essa relação ao todo, se se entende isolada e imediata, recai totalmente no privado. Isso é o que são esses projetos ocasionais e arbitrários das concepções filosóficas do mundo, que apresentam homens isolados, extasiando-se nelas, e que quanto mais resultam pomposos e pretensiosos tanto menos eles têm a ver com a verdade" (cap. 7, p. 70). É da natureza mesma da filosofia em sua estrutura biológica e genética, além de deontológica e ética, nobre subordinação à verdade, além de preservar, radicalizar, penetrar e desenvolver as contradições entre os momentos mimético ou experiencial, dito também artístico ou da imaginação, e científico ou do rigor da razão. Recusar a dialética dos momentos mimético e científico é abrigar-se no conforto unilateral, e rejeitar viver a dramaticidade inerente ao pensamento filosófico. Sem dúvida, é muito mais fácil escolher um campo e trilhar o caminho escolhido, mas filosofia pressupõe a negação da razão preguiçosa, e prefere sempre o mais difícil. O melhor caminho é sempre o mais difícil. Dissera Adorno, em 1955 (*Sobre o estudo da filosofia*), que "a virtude suprema da filosofia é a coragem cívica intelectual". A idolatria filosofante gerada pela escolha da facilidade do abrigo em um dos princípios é a causa das estéreis teorias autoritárias e totalitárias. A covardia do pensamento consiste na fobia em assumir as responsabilidades exigidas na busca obsessiva da verdade. A renúncia em buscar a verdade é o ato consciente da covardia. A consciência coisificada opta por uma das faces da filosofia como se fosse ela toda, e com isso preconiza coisificar todos à sua volta, e em volta do mundo, pois é quase instantânea a revelação da vocação de dominação do mundo. Estruturada como vontade de poder e de potência, torna-se ideologia, com todas as autoritárias malignidades próprias do discurso ideológico. A concepção do mundo tende ao pensamento coisificado em suas consequências, ainda que não necessariamente na sua origem. Ela coisifica-se à medida que, para impor-se à humanidade, ela recorre celeremente ao autoritarismo, pois tem a certeza da adesão irracional e constante de pessoas em busca de respostas que não a façam pensar por si mesmas. Com efeito, concepção do mundo e ciência forma uma união indissolúvel, onde as mediações entre uma e outra são vasos comunicantes permanentes e dialeticamente enriquecidos a cada passo e movimento do pensamento. A retirada do material filosófico exclusivamente do sujeito pensante se nega em sua falsa objetividade, visto que vai ao encontro do outro pela exaltação das suas virtudes criadoras de conceitos que nada mais são artesanato idiossincrático, devido ao afastamento do momento científico que evitaria dialeticamente o que Adorno perspicazmente chama de recaída no privado. A autolegitimidade por pressão de autoridade intelectual e escandaloso charme pessoal, ainda que por charme e sedução da própria concepção do mundo, encontra um contingente de fãs idólatras que dormem sossegados acreditando que encontraram todas as respostas, inclusive do acesso ao todo. Ou acreditam terem encontrado a origem das coisas e da humanidade. A incapacidade crítica da concepção do mundo explica em parte a cega adesão dos sem teto do pensamento. A falta de teto os conduz ao abrigo na concepção do mundo, como que exclamando: "eu encontrei a minha filosofia". A bem dizer, ele "se" encontrou na filosofia de outrem. E, ao se encontrar, ele se perde. Crendo ter um teto seguro, estão sem teto. Filosofia não tem teto algum. Dialeticamente, o teto da filosofia é não ter teto nenhum. Abrigamo-nos no vazio, e deste vazio construímos nosso teto. Filosofia é a arquitetura do pensamento do vazio. O esvaziamento da consciência nos credencia ao seu preenchimento. A confissão do vazio pela ausência de teto nos conduz a construir um teto sólido sobre bases sólidas, ainda que jamais definitivas, ao passo que a arrogância da apresentação da escritura definitiva da propriedade de um teto eterno confessa a fragilidade da concepção de mundo. Eu sou eu e meu vazio. A esse vazio podemos nomear liberdade.

ESTÉTICA DA FILOSOFIA EM DELEUZE
NOTAS ADORNIANAS SOBRE A TEORIA DELEUZIANA DA CRIAÇÃO DO CONCEITO FILOSÓFICO

2

Gilles Deleuze e Félix Guatarri suscitaram um debate internacional a partir de 1991 com a publicação de *Qu'est-ce que la philosophie*, que até hoje o meio filosófico internacional se faz sensível e reverbera produtivamente, ainda que nem sempre criticamente. No Brasil, o pensamento deleuziano tem trânsito livre em todas as áreas de letras e ciências humanas das universidades, e as faculdades de filosofia em especial o transformaram num credo acrítico ingênuo e reificado que termina por impor um silêncio sobre as consequências filosóficas desde as mais penetrantes até as mais superficiais. Veremos mais adiante que essa tendência acrítica é aquela apontada por Theodor W. Adorno como o mal-entendido da filosofia como concepção do mundo. Tendência internacional de tomar filósofos como ídolos da indústria cultural ou de time de futebol e a filosofia como *hobby*, diletantismo ou um profissionalismo inconsequente, pois na verdade segue o ídolo mas não é capaz de criar conceitos, nem mesmo aqueles da filosofia como concepção do mundo, somente repetindo-os à exaustão.[1]

---

1   Por razões de comodidade referir-me-ei sempre ao pensamento *deleuziano* por também entender que o pensamento de Guattari

Se, de fato, conforme confessa Deleuze, a bibliografia relativa ao conceito de filosofia é muito reduzida, é de se estranhar que ele tenha preferido ignorar justamente um dos raros livros que tratam do assunto, e justamente de um dos maiores nomes da filosofia contemporânea, Theodor W. Adorno, com a sua *Terminologia Filosófica I e II*, resultado das gravações de sua aulas na Universidade de Frankfurt nos primeiros anos da década de 1960. Aqui Adorno propõe a descoagulação dos conceitos filosóficos já tornados sem vida ao longo da história da filosofia, não podendo ter sido ignorado por Deleuze, para quem "não se faz nada de positivo, mas nada tampouco no domínio da crítica nem da história, quando nos contentamos em agitar velhos conceitos já prontos como esqueletos destinados a intimidar toda criação, sem ver que os antigos filósofos aos quais nós os tomamos já faziam o que se quer impedir os modernos de fazer: eles criavam seus conceitos, e não se contentavam de limpar, de raspar o osso, como o crítico ou o historiador de nossa época. Mesmo a história da filosofia é totalmente desinteressante se ela não se propõe a despertar um conceito adormecido, de rejogá-lo em uma nova cena, mesmo que ao preço de virá-lo contra ele próprio".[2] Descoagular conceitos ou acordá-los do sono da história da filosofia são tarefas muito semelhantes; contudo, a solução de cada um é totalmente diversa do outro.

insere-se como parte organicamente integrada no primeiro, ficando, pois, subentendida a participação do segundo.

2   DELEUZE; GUATTARI. *Qu'est-ce que la philosophie*. Paris: Ed. Minuit, 1991. p. 81.

A resposta fundamental é que "a filosofia é a arte de formar, de inventar, de fabricar conceitos" (p. 8), inspirada em Nietzsche, e nuançada com a seguinte afirmação: "O filósofo é o amigo do conceito, ele está em potência de conceito. Isto quer dizer que a filosofia não é uma simples arte de formar, de inventar ou de fabricar conceitos, porque os conceitos não são necessariamente formas, achados ou produtos. Mais rigorosamente, a filosofia é a disciplina que consiste em *criar* conceitos. (...) Criar conceitos sempre novos, esse é o objeto da filosofia". As duas afirmações apesar de aparentemente contraditórias se completam. Se a filosofia é criação de conceitos é porque ela tem uma identidade explícita com a arte, atividade tipicamente de criação; logo, a filosofia não deixaria de ser, seguindo a definição deleuziana, uma arte de formar e de inventar, típica da arte, e uma arte de fabricar, típica do artesanato, e ambas voltadas para o conceito. Sendo criação, a filosofia toma algo da arte, pondo a imaginação criadora a serviço da razão filosófica. Toma emprestado da arte a vocação para criar, não criar obras de arte, mas conceitos, que são obras filosóficas. Contudo, apesar da ressalva de Deleuze de que conceitos não são formas em sentido estrito, o termo filosófico é uma palavra que funciona como sujeito do conceito, acompanhada de um predicado que é a sua explicitação. Há uma forma verbal sintética no nome e um conjunto de formas verbais que o sustentam. Não sendo pura criação, domínio próprio da arte, a filosofia deve buscar conciliar dentro de si mesma outras origens, não se restringindo à pura "*sensibilia*", ainda que não a recusando. Entretanto, a criação de conceitos não pode ser uma atividade autotélica, uma finalidade sem fim determinado como na estética de Kant a propósito da obra de arte. Portanto, criar conceitos novos não pode ser o *objeto da filosofia*, pois haveria uma identidade narcísica do sujeito com o objeto filosófico. A finalidade da filosofia não pode ser ela mesma, mas, sim, o que não é ela, em busca de um objeto exógeno, que são as coisas do mundo. Concluindo de Kant, através da *Crítica da Razão Pura*, Adorno afirma que "as coisas nos são dadas *nos* conceitos, mas não *pelos* conceitos". O conceito deve representar um conjunto de coisas. Criação de conceito não é um ato arbitrário. Inventa-se um conceito para depois ver o que se pode agrupar ou representar. A filosofia não deve criar conceitos para seu deleite estético, pois isso implicaria transformar toda a filosofia em um estetismo inconsequente. Admitir uma estética da filosofia não significa tornar a filosofia uma atividade exclusivamente literária.

Entre Adorno e Deleuze podemos afirmar encontrar alguma identidade ou afinidade quanto ao caráter estético da filosofia, apesar de em Deleuze estar muito mais acentuada a literariedade da filosofia, em sentido esteticista, algo que não encontramos em Adorno. Este enfatiza o momento científico (filosoficamente conceitual) ou de rigor associado ao momento expressivo ou "artístico" (filosoficamente não conceitual), completado por ele com o olhar sobre o mundo como se tudo fosse visto sempre pela primeira vez, tal como as crianças são capazes de fazer natural e espontaneamente, e os filósofos são capazes pelo esforço intuitivo. Na criança o assombro é espontâneo porque natural; no filósofo torna-se natural pelo esforço e trabalho do conhecimento, no rastro da vocação inata. A identidade parcial encontra-se no aspecto do chamado momento mimético ou atividade expressiva em Adorno, que indica a afinidade da filosofia com a arte, originado da concepção original de filosofia como amor à sabedoria. Nesse sentido, afirma Adorno: "Segundo Platão, perdemos a visão imediata dos protótipos divinos e suspiramos por eles até consegui--los de novo. Por isso os recordamos palidamente devido à nossa preexistência. O caminho pelo qual a consciência se eleva a estas Ideias, o caminho da filosofia, portanto, e a hierarquia do ser, desde o mundo aparente em que estamos desterrados até aquele mundo do absoluto, são uma e mesma coisa. Nesta ideia da identidade do movimento subjetivo do espírito e da gradação objetiva dos conteúdos do ser radica efetivamente em Platão o motivo que, podemos dizer, proporciona o tema fundamental da filosofia. Se se parte do fato de que a consciência se dividiu no mimético ou atividade expressiva por uma parte, tal assim como a concebe em geral a teoria oficial da arte, e no filosoficamente conceitual por outra parte, poderia dizer-se então que a filosofia (e isso se vincula com esse momento do eros ou do entusiasmo) é propriamente o propósito de salvar ou recobrar com os meios do conceito aquele momento mimético, que na verdade está profundamente conexionado com o amor. Talvez o filósofo não busque a verdade enquanto algo objetivo no sentido corrente, mas, sim, busca muito mais expressar sua própria experiência com os meios do conceito. Talvez procure criar uma objetivação na linguagem do conceito mediante a expressão. E assim se destacaria com grande rigor o conceito filosófico de verdade".[3] O momento expressivo da filosofia é o lado artístico ou da expressão da pessoalidade, pois o que caracteriza a arte é a marca pessoal, assim como a filosofia nisso análoga à arte, contrariamente pois à ciência natural onde

---

3   ADORNO, Theodor W. *Terminología Filosófica I*. Madrid: Ed. Taurus, 1983. p. 62.

o espírito do sujeito dissolve-se na impessoalidade; apesar, como diria Husserl, de que toda ação intelectual nasce no espírito, ainda que nem toda nele termine.

Para que a filosofia não seja uma atividade que pratique o fetichismo do conceito, a criação filosófica antes impõe limites e rigor do que os elimina. Em minha experiência pessoal, a atividade como artista sempre foi acompanhada da atividade como filósofo, e dela extraí algo enriquecedor que se manteve equidistante. Entretanto, a liberdade inerente à obra de arte influiu e influi diretamente na filosofia. Liberdade expressa na intuição filosófica e na criação de conceitos. A pessoalidade inerente à arte alimentou o momento mimético ou de expressão no sentido adorniano. A ousadia praticada na arte migrou para a filosofia, pois o conceito exige ousadia na criação; a autonomia do espírito manifesta na arte é também exigida na filosofia enquanto criação de conceitos. Se filosofia é linguagem, a linguagem filosófica é trabalhada esteticamente, nela inclusos os conceitos. Veremos que em Deleuze há um gosto *do* conceito e *no* conceito filosófico. Há uma estética do conceito como estética da filosofia: o gosto filosófico.

Assim, pois, a experiência artística nos remete à experiência filosófica, e esta aprende com aquela a capacidade de avançar na arte da criação rumo ao desconhecido. A arte tem uma relação especial e profunda com o desconhecido, e essa experiência filoneísta é parte do amor contido na palavra mesma, amor à sabedoria, já agora como saber propriamente dito. Se, como afirma Deleuze, "toda criação é singular, e o conceito como criação propriamente filosófica é sempre uma singularidade", o conceito de obra de arte migra para o conceito de obra de conceito, o conceito filosófico como obra. A pessoalidade da criação permanece na filosofia através do conceito, pois os filósofos são os conceitos que assinam; cada filósofo é uma singularidade filosófica, como na arte, algo impensável na ciência, não na ciência humana, que transita como um híbrido. "Que valeria um filósofo do qual se poderia dizer: ele não criou conceito, ele não criou seus conceitos?", pergunta-se criticamente Deleuze. De fato, filósofos são os conceitos que criam... filosoficamente. "E inicialmente os conceitos são e permanecem assinados, substância de Aristóteles, cogito de Descartes, mônada de Leibniz, condição de Kant, potência de Schelling, duração de Bergson. Mas alguns reivindicam uma palavra extraordinária, por vezes bárbara ou chocante, que deve designá-los, ao passo que outros se contentam com uma palavra de uso corrente e muito comum que se infla de harmônicas tão longínquas que elas riscam de serem imperceptíveis a uma orelha não filosófica".[4] Obras de arte e obras de conceito são assinadas pois o que prevalece é a singularidade da pessoalidade criadora, a marca da expressão, mas não somente nos conceitos, mas no desenvolvimento do pensamento mesmo, pois o próprio pensamento através de conceitos é expressão. Na verdade, o registro mais evidente é o da expressão, como se o momento científico ou de rigor a ela estivesse subordinado, ou este permanecesse na sombra causada pelo outro.

O *kitsch* artístico como contrafação da arte ensina a filosofia a combater o *kitsch* filosófico, o mau gosto filosófico, já que a atividade filosófica é também uma questão de gosto, que a exemplo do artístico é adquirido pela via do conhecimento. Afirma Deleuze que "o batismo do conceito solicita um *gosto* propria-

---

4   Op. cit., p. 13.

mente filosófico que procede com violência ou com insinuação, e que constitui na língua uma língua da filosofia, não somente um vocabulário, mas uma sintaxe atingindo o sublime ou a uma grande beleza".[5] A linguagem filosófica como expressão exige um bom gosto no interior do estilo filosófico. Filosofia é linguagem, e esta deve ser exercida na plenitude, manifestando a excelência do pensamento através da excelência da linguagem. Essa a recomendação também de Kant, na *Lógica*. O conceito filosófico nasce no interior do exercício da linguagem. Esse nascimento dá-se por intuição, produto do assombro acumulado pelo conhecimento, mas, conforme adverte Adorno, "a filosofia não consiste simplesmente na correspondência entre o pensamento e a linguagem por um lado, e o objeto por outro, porém, que tem e compreende seu objeto propriamente só transcendendo-o, sendo mais que o simples objeto".[6] Em Adorno, a profundidade não é um fetiche, já que "a profundidade radica na relação da filosofia com seu objeto, na profundidade com que o pensamento se deixe mover pelo objeto. A profundidade mesma não é um objeto coisal que se tenha que alcançar".[7] A profundidade dá-se na linguagem, e não como algo exterior a ela, em uma exogenia que ninguém sabe indicar exatamente a localização verdadeira, como se preexistisse e estivesse dada, somente à espera de alguém que a descobrisse. A profundidade não é uma descoberta, é um alcance. Deleuze defende a identidade do conhecimento por conceitos e por criação ou construção de conceitos: "Pode-se considerar como decisiva,

---

5   Op. cit., p. 13.
6   Op. cit., p. 52.
7   Op. cit., p. 107.

ao contrário, esta definição da filosofia: conhecimento por puros conceitos. Mas não há por que opor o conhecimento por conceitos, e por construção de conceitos na experiência possível ou a intuição. Pois, seguindo o veredito nietzschiano, vocês não conhecerão nada por conceitos se inicialmente vocês não os criaram, isto é, construídos em uma intuição que lhe é própria: um campo, um plano, um solo, que não se confunde com eles, mas que abriga seus germes e os personagens que os cultivam".[8] O plano de imanência (*plan d'immanence*) é a base sobre a qual os conceitos podem ser criados. Ele é produto de uma construção que permite a criação como construção de conceitos. A estética da linguagem filosófica é a estética do conceito. O belo conceito é alcançado pelo exercício do gosto crítico de vertente puramente filosófica. A intuição artística ou *insight* faz com que o artista percorra o processo criador sem domínio pleno consciente da atividade, navegando rumo ao desconhecido, e essa experiência radical pessoal da expressão fez ver à filosofia que há uma coragem intrínseca na sua atividade, diferenciada das demais, pois, como diria Luigi Pareyson, a obra de arte se faz por si e inventa o modo de fazer, de ser formada, inventa o modo como se deve fazer, e a filosofia toma emprestada da arte essa sabedoria inerente à arte que a conduz ao desconhecido filosófico. Adorno vai singularizar a filosofia como sendo e não sendo uma atividade especializada, e que antes de tudo, antes de sermos capazes de criar conceitos, "temos de nos comportar filosoficamente, pois a filosofia não é tanto uma temática quanto um modo de comportamento do es-

---

8   Op. cit., p. 12.

pírito, um modo de comportamento da consciência".⁹ Entretanto, em Adorno há menos uma estética do conceito no sentido deleuziano que "uma exigência especial na precisão dos conceitos e também na precisão da expressão linguística dos conceitos." Tanto mais expressão quanto mais precisão. Desse modo, o filósofo é tanto o artista quanto o cientista do conceito.

Se a contradição é inerente à filosofia, como quer Adorno, a autoposição do conceito, como colocação por si mesmo nela própria, coabita com a livre atividade criadora do conceito, como uma unidade dialética. A crítica de Deleuze segundo a qual "os filósofos não se ocuparam suficientemente da natureza do conceito como realidade filosófica. Eles preferiram considerá-lo como um conhecimento ou uma representação dada que se explicava por faculdades capazes de formá-lo (abstração ou generalização) ou dele fazer uso (juízo)",¹⁰ pode revelar uma tentativa de considerar o conceito filosófico como tendo não somente uma autoposição mas uma autofinalidade. A livre atividade criadora de conceitos não deve contrariar a vocação para o conhecimento, pois aí, sim, haveria uma nefasta identidade com a arte, gerando uma análoga correspondência do conceito pelo conceito. Afinal, não se cria conceitos meramente pelo prazer de criá-los, mas sobretudo para que exerçam uma função de conhecimento das coisas do mundo, e habilitá-lo para melhorar este mesmo mundo, e não outro.

No plano de imanência chegamos mais próximo de uma suspeita: a de que a ênfase na criação correria em favor da filosofia como arte, dada a facilidade com que Deleuze sempre encontra

---

9   Op. cit., p. 8.
10 Op. cit., p. 16.

uma metáfora onde tudo está definitivamente pronto para demonstrar que as imagens por ele expostas traduzem a verdade da filosofia. Suas metáforas são tomadas ora das artes plásticas, ora da literatura. São metáforas fenomenológicas. E é justamente aí que reside o problema de uma aceitação plena da sua filosofia do conceito, ou, antes, da sua estética do conceito. O mesmo defeito de fabricação das peças fenomenológicas iremos constatar na parte final do livro dedicada à arte, onde o efeito descritivo das obras de arte como percepto (*percept*) e afeto (*affect*) atestam a fragilidade da estética de Deleuze, chegando mesmo a afirmar ser a arte uma fusão de sensações. Contudo, não é nosso propósito elaborar uma crítica da estética de Deleuze, mas, sim, uma crítica da estética da filosofia ou do conceito em Deleuze. No setor de peças filosóficas de Deleuze há sempre uma no balcão ou no depósito que se encaixa perfeitamente na mecânica das suas metáforas, como em um acordo prévio de ajuste dos mecanismos. Senão vejamos, a partir da definição do plano de imanência dos conceitos, o planômeno (*planomène*), que não se confunde com os conceitos, mas sem o qual os conceitos ficam sem chão para se manifestar, como Deleuze desenvolve toda uma plasticidade metafórica da filosofia que muito mais exige adesão incondicional que convencimento argumentativo de tipo *conceitual*: "Os conceitos são o arquipélago ou a ossatura, uma coluna vertebral antes que um crânio, enquanto o plano é a respiração que banha esses ilhados (*isolats*). Os conceitos são superfícies ou volumes absolutos, disformes e fragmentários, ao passo que o plano é absoluto ilimitado, informe, nem superfície nem volume, mas sempre fractal. Os conceitos são agenciamentos concretos como configurações de uma máquina, mas o plano é a máquina abstrata da qual os agenciamentos são as peças. Os conceitos são eventos, mas o plano é o horizonte dos eventos, o reservatório ou a reserva dos eventos puramente conceituais: não o horizonte relativo que funciona como um limite, muda com um observador e engloba estados de coisas observáveis, mas o horizonte absoluto, independente de todo observador, e que torna o evento como conceito independente de um estado de coisas visível onde ele efetuar-se--ia".[11] Após essa pequena viagem com um guia turístico pelo plano de imanência, damo-nos conta de que há um plano absoluto, uma espécie de parque da filosofia, à espera dos ocupantes, isto, dos conceitos, sem que haja qualquer conexão necessária entre plano e conceitos – o horizonte absoluto, independente de todo observador. A metáfora fenomenológica confirma o caráter idealista da filosofia do conceito em Deleuze.

A intuição filosófica tem morada no plano de imanência, mais exatamente nos traços diagramáticos (*traits diagrammatiques*), que são elementos constitutivos do plano. Esses traços sustentam os conceitos, que na terminologia deleuziana seriam traços intensivos (*traits intensifs*). Os primeiros tendem ao infinito; os segundos, à finitude fragmentária, embora, segundo ele, "jamais os traços intensivos são a consequência dos traços diagramáticos, nem as ordenadas intensivas se deduzem dos movimentos ou direções. A correspondência entre os dois excede mesmo as simples ressonâncias e faz intervir instâncias adjuntas à criação dos conceitos, a saber, os personagens conceituais".[12] Desta feita, confirmamos que a teoria de Deleuze procura instalar-se como

---

11 Op. cit., p. 39.
12 Op. cit., p. 43.

concepção do mundo, pois o que verificamos é que, muito mais do que nas coisas, é na imaginação personalista de Deleuze que teremos que buscar uma justificação. Há um certo esoterismo filosófico deleuziano, que necessita da persuasão personalista visando à adesão completa às suas metáforas.

Há uma coerência entre plano de imanência e conceitos, pois aquele antecede e pressupõe a criação de conceitos, concordando que o plano seja pré-filosófico, uma camada ainda não filosófica: "De qualquer modo, a filosofia coloca como pré-filosófico, ou mesmo como não filosófico, a potência de um Um-Todo como deserto movente que os conceitos vêm povoar. Pré-filosófico não significa nada que preexista, mas alguma coisa que não está fora da filosofia, ainda que esta o suponha. Isso são suas condições internas. O não filosófico talvez esteja mais no coração da filosofia que a própria filosofia, e significa que a filosofia não pode contentar-se de ser compreendida somente de maneira filosófica ou conceitual, mas dirige-se também aos não filósofos em sua essência".[13] É certo que devemos fazer a passagem da não filosofia para a filosofia, pois esta deve ter uma fonte no seu outro que não ela, para que ela possa enfim nascer. Mas isso se dá não por ser a não filosofia absolutamente não filosófica, porém, ao contrário, é justamente porque há algo de filosófico na não filosofia que o nosso esforço se justifica. É a *ainda* não filosofia. A nossoa função é fazer essa passagem da não filosofia no que tem de filosófico e transformá-la no inteiramente filosófico. Há partes filosóficas no não filosófico. O senso comum das culturas traz sempre algo de filosófico, como que à espera dos pensadores, pois a cultura popular tem algo de

---

13　Op. cit., p. 43.

filosófico na sua não filosofia. A humanidade pensa mesmo quando não pensa. A sensibilidade do filósofo para captar o assombro incluso no pensamento popular é que fará a diferença. Entretanto, por outro lado, em Deleuze há uma identidade metafórica entre plano de imanência e deserto, este não existe fora da filosofia. O deserto é pré-filosófico ou não filosófico, mas sustenta a criação de conceitos. Apesar de ser um deserto está mais no coração da filosofia que a própria filosofia. Não se sabe bem como de um deserto se pode extrair toda a riqueza da filosofia, ainda mais pelo fato de o deserto não existir fora da filosofia. O oásis já não é mais objeto da miragem, mas, sim, o próprio deserto.

Entretanto, a base ainda não filosófica à espera da filosofia através conceitos, mesmo que por caminhos diversos, encontraremos tanto em Deleuze quanto em Adorno. Afirma Adorno: "Poder-se-ia nesse sentido dizer que a filosofia se esforça permanentemente na tarefa de Münchhausen, que como vocês se lembram tentava sair do pântano puxando seu próprio cabelo. A filosofia consiste no esforço do conceito por curar as feridas que necessariamente inflige o próprio conceito. O que Wittgenstein explica que só se pode dizer o que se pode dizer com clareza e que sobre o resto deve-se calar soa de modo heroico, e tem possivelmente um tom místico-existencial que apela com êxito aos homens do gosto atual. Porém, eu creio que essa famosa afirmação de Wittgenstein é uma simples vulgaridade porque passa por cima justamente do que interessa à filosofia: o paradoxo da tarefa árdua e difícil de dizer por meio do conceito o que não se pode dizer precisamente por meio de conceitos, dizer o indizível".[14] A resistência das coi-

---

14 Op. cit., p. 43.

sas ao conceito – na linguagem deleuziana seria a resistência do deserto da não filosofia – não pode esmorecer o filósofo, que sabe ser o conceito uma aproximação conceitual das coisas mas que também as ultrapassa. A diferença é que em Adorno o conceito não é puramente artístico, como Deleuze afirma acompanhando Nietzsche que "pensamento é criação, não vontade de verdade". De minha parte, acredito que pensamento é vontade de verdade e criação. Criamos conceitos para alcançarmos a verdade. Dito de outro modo, a melhor maneira de descobrirmos a verdade é criando conceitos. A criatividade da expressão filosófica é amiga da verdade filosófica e a pressupõe.

Esse o divisor de águas entre Deleuze e Adorno quanto ao caráter de criação do conceito, ou do conceito como obra de criação. O abandono da verdade na criação de conceitos, esta se substituindo àquela, torna a filosofia sem objeto exógeno, mas uma egolatria típica das filosofias como concepção do mundo. Mesmo que Deleuze afirme ser a arte uma atividade autônoma frente à filosofia, esta recai naquela disputando o espaço da criação. A arte exerce uma forte influência na filosofia como o não conceitual ou expressão, porém, logo a seguir, permite que o conceitual dê a forma final do conceito, objetivando a verdade. Frente à influência da arte na filosofia, dirá Adorno: "Também se pode explicar isso dizendo que a filosofia como expressão, no sentido antes apontado, representa no pensamento o que não é conceito, o que não dispõe nem classifica. Nisso tem a filosofia, e é um momento que a diferencia constitutivamente da ciência, algo como uma certa afinidade com a arte, que um dos maiores filósofos especulativos, Schelling, converteu no órgão da filosofia. Inclusive em um pensador como Hegel, (...), põe em relevo, ainda que a '*contre-*

-*coeur*', esta afinidade interna da filosofia e a arte. (...) Frente à arte, a filosofia representa o não conceitual sempre e só por meio do conceito, ou bem representa o que não se pode pensar mediante o pensamento. A filosofia tem a sua vida na elaboração extenuante deste paradoxo, a intenção de distinguir o que parece uma contradição insolúvel até fazê-la possível".[15] Em Deleuze, a filosofia é paradoxo não pela via dialética, mas pela via estética idealizada instituída pelo plano de imanência, os conceitos e os personagens conceituais: "É que cada uma das atividades filosóficas só encontra critério nas duas outras, isso é porque a filosofia se desenvolve no paradoxo. A filosofia não consiste em saber, e não é a verdade que inspira a filosofia, mas decidem o êxito ou o fracasso de categorias como as do Interessante, de Extraordinário ou de Importante".[16] Renúncia ao saber, que é básico na filosofia, e renúncia à verdade, que é o fim último da filosofia. A filosofia transforma-se ou regride a uma atividade lúdica sofisticada para satisfazer o ego do filósofo, uma egolatria ainda que negada. Será uma contestação surda ao livro de Adorno, sem citá-lo?

Essa confrontação com Adorno não visa criticar Deleuze pela via adorniana, pois isso revelaria insuficiência científica na crítica a Deleuze, mas busca demonstrar algumas inconsistências na teoria deleuziana a partir dos mesmos pressupostos dela que, à luz de temáticas similares em Adorno, se tornarão mais nítidas quando confrontadas com Adorno. Senão vejamos em Adorno: "Se na arte, a verdade, o objetivo e o absoluto se fazem inteiramente expressão, assim também pelo contrário, na filosofia a ex-

---

15 Op. cit., p. 67.
16 Op. cit., p. 80.

pressão se faz verdade, ou ao menos tende a ela. Nisto consiste o que na filosofia mesma, se não se quer estancar neste paradoxo, está inscrito o dizer o que propriamente não se pode dizer, o momento da contradição no movimento, progresso e desenvolvimento. E esta contradição radica em seu impulso de querer alcançar com o conceito o que não é conceitual, com a linguagem o não dizível mediante a linguagem. (...) Agora verão que a dialética tal como se nos apresenta não é um ponto de vista filosófico entre outros, mas sim que o problema dialético está contido propriamente no problema da filosofia, se é que a filosofia, tal como tentei apresentá-la, é o terceiro ou o outro frente à ciência e frente à arte. Eu a delimitei frente à arte, e pus em relevo o meio conceitual e portanto a possibilidade do passo da filosofia à verdade. Pelo contrário, apesar de que a arte é também uma manifestação da verdade, não é nunca a verdade intencionalmente, enquanto a filosofia é o âmbito da expressão cuja intenção própria é justamente a verdade. Portanto, se quisermos descer a definições, deveríamos definir a filosofia como o movimento do espírito cuja intenção própria é a verdade, porém sem imaginar-se que possa possuí-la como algo disponível em enunciados isolados ou em qualquer configuração imediata".[17]

Todo esse esforço teórico de Adorno é para evitar aquilo que lhe parece o mais perigoso, "o mal-entendido da filosofia como concepção do mundo". E essa me parece uma tendência de Deleuze ao idealizar a criação de conceitos, enfatizando a criação pela criação, sem compromisso com a verdade. Deleuze enfatizaria um dos momentos da filosofia, o que Adorno chama de momen-

---

17 Op. cit., p. 67.

to mimético ou de expressão, o que conduzirá o pensamento para uma concepção do mundo, como ele mesmo criticara em Nietzsche, Schopenhauer e Spinoza, cujas filosofias seguem adeptos, persuadidos pelos gurus, líderes de uma legião sem compromisso com a verdade, ou mesmo no desprezo senão ódio à verdade. Assim, Adorno, enfatizando o caráter contraditório e dialético como da essência mesma da filosofia, explica: "Entre o momento científico e o momento mimético ou experiencial da filosofia domina uma tensão. A filosofia se falseia justamente no momento em que abandona essa tensão e se refugia definitivamente em um ou outro dos chamados princípios. Quando a filosofia, isolada, sem experimentar contato com a ciência, simplesmente cai em tal momento expressivo, que por outra parte já ordinariamente desde o princípio é falseado e coisificado, degenera em seu oposto. A concepção do mundo opõe-se à filosofia tanto quanto o pensamento coisificado. (...) Talvez só se possa conseguir que ambos os momentos medeiem-se entre si, e sejam captados em sua dependência mútua. Porém, precisamente o pensamento que crê poder apoderar-se desse todo, cindido e dividido no trabalho científico, de modo imediato e como por encantamento, quer dizer, meramente por um ato subjetivo, justamente essa relação ao todo, se se entende isolada e imediata, recai totalmente no privado. Isso é o que são esses projetos ocasionais e arbitrários das concepções filosóficas do mundo, que apresentam homens isolados, extasiando-se nelas, e que quanto mais pomposos e pretensiosos resultam tanto menos tem que ver com a verdade".[18]

---

18   Op. cit., p. 70.

Em Deleuze não há o momento científico do conceito, pois ele entende que a ciência é somente um objeto exógeno à filosofia, e portanto não estabelece nenhuma relação dialética imprimindo o caráter de rigor. Desse modo, Deleuze conclui: "Se a filosofia tem fundamentalmente necessidade da ciência que lhe é contemporânea é porque a ciência cruza sem cessar a possiblidade de conceitos, e que os conceitos comportam necessariamente alusões à ciência que não são exemplos, nem aplicações nem tampouco reflexões".[19] A relação do conceito com a ciência é extramural, como alusão. Como enfatiza o que Adorno intitula momento de expressão, a criação do conceito tende à unilateralidade, já que em Deleuze o equilíbrio dá-se entre o plano de imanência e o conceito.

Transitando na ambiguidade não dialética de evidenciar a autonomia da arte com relação à filosofia, e desta com relação à primeira, Deleuze sustenta a partir dos personagens conceituais (*personnages conceptuels*) como um absoluto da filosofia, o *alter ego* do filósofo, o outro de si que fala por ele: "O personagem conceitual não é o representante do filósofo, é mesmo o inverso: o filósofo é somente o envelope de seu principal personagem conceitual e de todos os outros, que são os intercessores, os verdadeiros sujeitos de sua filosofia. Os personagens conceituais são os "heterônimos" do filósofo, e o nome do filósofo o simples pseudônimo dos seus personagens. Eu não sou mais eu, mas uma atitude do pensamento a se ver e se desenvolver através de um plano que me atravessa em vários lugares. (...) O filósofo é a idiossincrasia de seus personagens conceituais".[20] O filósofo serve à causa

---

19 Op. cit., p. 153.
20 Op. cit., p. 62.

do personagem conceitual – parece obrigatória a presença do personagem conceitual para dar legitimidade e credibilidade ao filósofo –, o que de resto, e Deleuze o sabe mais do que ninguém, não se confirma em toda a história da filosofia. O personagem é mais importante do que ele próprio diz. Mais uma metáfora literária que antes contribui que elimina a confusão filosófica.

O conceito de gosto filosófico em Deleuze é "esta faculdade filosófica de coadaptação, e que regula a criação dos conceitos". A coadaptação dos três elementos, plano de imanência-personagens-conceitos, "traçar, inventar, criar, é a trindade filosófica. Traços diagramáticos, personalísticos e intensivos". É capaz de gosto filosófico aquele hábil indivíduo que organiza os elementos com "bom gosto", em uma passagem imediata de um para o outro elemento seguinte, formando um mecanismo mental que une razão, imaginação e entendimento: "Se chamamos Razão o traçado do plano, Imaginação a invenção dos personagens, Entendimento a criação dos conceitos, o gosto aparece como a tripla faculdade do conceito ainda indeterminado, do personagem ainda nos limbos, do plano ainda transparente. É por isso que é preciso criar, inventar, traçar, mas o gosto é como a regra de correspondência das três instâncias que diferem em natureza. (…) Contudo, o que aparece em todo caso como o gosto filosófico é o amor do conceito bem feito, chamando 'bem feito' não uma moderação do conceito, mas uma espécie de retomada, de modulação onde a atividade conceitual não tem limite nela própria, mas somente nas duas outras atividades sem limites. (…) A criação dos conceitos só tem outro limite no plano que eles vêm povoar, mas o próprio plano é ilimitado, e seu traçado só se conforma aos conceitos para criar que ele deve reconciliar ou aos personagens a inventar que ele deve entreter. É como em pintura: mesmo para os monstros e os anões há um gosto a partir do qual eles devem ser bem feitos. (...)".[21] A relação entre pintar monstros e anões bem feitos e o caráter ilimitado do plano de imanência resta por ser esclarecida. O bom gosto de um conceito "bem feito" independe da qualidade do objeto. De fato, não se sabe exatamente quais os limites de cada um dos elementos, que segundo Deleuze são simultâneos, pois, se a criação de conceitos não tem limite, o plano de imanência e os personagens conceituais também não – por diversas vezes Deleuze defende o caráter infinito das atividades, o que para nós é mais uma manifestação idealista e um enorme exagero rigorosamente contrariado pela história da filosofia e pela própria filosofia dele mesmo –, tudo resulta em um absurdo da medida. A filosofia é uma atividade finita como qualquer outra. Como a ciência e como a arte. Como o esporte. Ele utiliza os termos gosto e bem feito negando que queiram dizer o querem dizer, e logo a seguir que querem dizer exatamente o querem dizer: os conceitos filosóficos precisam ser bem feitos e ter bom gosto filosófico, como na pintura, na qual até mesmo monstros e anões precisam ser "bem feitos", apesar de horríveis. Pode-se fazer uma bela foto do livro ou da miséria humana. Simone de Beauvoir certa vez mencionou em um de seus livros este aspecto ambíguo da arte.

Na verdade, Deleuze utiliza o conceito de gosto filosófico ou gosto do conceito no sentido croceano de intuição ou *insight* da obra de arte: "Dá-se o mesmo com o gosto dos conceitos: o filósofo só se aproxima do conceito indeterminado com receio e respeito, ele hesita longamente em lançar-se, mas ele só pode determi-

---

21 Op. cit., p. 75.

nar o conceito criando-o sem comedimento, tendo somente por regra um plano de imanência que ele traça, e por único compasso os estranhos personagens que ele faz viver. O gosto filosófico não substitui a criação nem a modera; é, ao contrário, a criação dos conceitos que faz apelo a um gosto que a modula. A livre criação de conceitos determinados tem necessidade de um gosto do conceito indeterminado. (...) Nietzsche pressentiu essa relação da criação dos conceitos com um gosto propriamente filosófico, e se o filósofo é aquele que cria os conceitos é graças a uma faculdade de gosto como um 'sapere' instintivo quase animal – um *Fiat* ou um *Fatum* que dá a cada filósofo o direito de aceder a certos problemas como uma impressão marcada sobre seu nome, como uma afinidade da qual suas obras originar-se-ão".[22] Talvez esse seja o ponto alto da descrição fenomenológica deleuziana. A indeterminação do conceito fica à espera do "saber instintivo", em uma zona do inconsciente filosófico individual mediatizado com o inconsciente filosófico coletivo, cultural ou histórico, e através da faculdade do gosto o exercício da livre criação de conceitos, leia-se também imaginação criadora filosófica, resultará na determinação do conceito; daí Deleuze afirmar com toda razão que "a livre criação de conceitos determinados tem necessidade de um gosto do conceito indeterminado." Esse caminho é análogo ao da criação de obras de arte, pelo menos no que diz respeito ao ponto de partida. A força do conceito indeterminado é que leva o filósofo à sua determinação conceitual. A indeterminação é pré-conceitual, mas racional, ao contrário da arte. Quanto ao ponto de chegada, a arte permanece uma finalidade sem fim determi-

---

22 Op. cit., p. 76.

nado, como diria Victor Basch completando Kant, ao passo que o conceito filosófico seria uma finalidade com fim determinado, mesmo que a finalidade surja na indeterminação do conceito, no conceito indeterminado deleuziano.

Todas as atividades humanas necessitam da experiência e da experimentação, do exercício do conhecido à criação do desconhecido, e todas se adaptam às suas respectivas exigências internas. Entretanto, vejamos como Deleuze encara a criação na arte, na ciência e na filosofia: "Seguramente há tanta experimentação como experiência de pensamento em filosofia quanto na ciência, e nos dois casos a experiência pode ser surpreendente, sendo próxima do caos. Mas também há tanta criação em ciência quanto na filosofia ou nas artes. Nenhuma criação existe sem experiência. (...) As coordenadas, as funções e equações, as leis, os fenômenos ou efeitos permanecem ligados a nomes próprios, como uma doença fica designada pelo nome do médico que soube isolá-la, agrupar ou reagrupar os signos variáveis".[23] Ora, a experimentação exige criatividade nos limites impostos pela ciência, mas não criação propriamente dita, pois senão perder-se-ia o objeto mesmo da pesquisa. O nome próprio do cientista que acompanha o nome da doença ou da sua cura – a gota contra a poliomielite, a famosa vacina Sabin – é uma justa homenagem, mas não é uma assinatura pessoal como criação. Mesmo uma vacina prescinde do nome do autor, pois ela é a mesma em qualquer parte do mundo, rigorosamente impessoal, ao passo que a filosofia de Platão tem a sua pessoalidade indelevelmente fixada no texto mesmo como expressão individual. Ninguém toma o próprio Sabin na

---

23 Op. cit., p. 122.

gota, mas sim a vacina que tem um nome arbitrário. O nome próprio em uma teoria científica tem valor honorífico mas nunca como uma marca pessoal, como na pintura de Picasso, na música de Beethoven ou na literatura de Machado de Assis. Toda nomeação em ciência é rigorosamente arbitrária e toda descoberta da ciência é impessoal, ainda que praticada por pessoas humanas.

Para que terminemos nos limites impostos pela intenção, vemos que Deleuze tomando uma expressão oriunda de Pascal (com antecedentes na escolástica cristã medieval) e cara ao pensamento estético do século XVIII, a teoria do *je ne sais quoi* da obra de arte, por paráfrase afirma ele que "a filosofia e a ciência comportam dois lados (como a própria arte com seu terceiro lado), um *je ne sais pas* tornado positivo e criador, condição da criação mesma, e que consiste em determinar *por* aquilo que não se sabe".[24] O devir do saber ou do não-saber não é *criação* de ciência em sentido estrito, mas desenvolvimento ou progresso da ciência, pois o saber não é uma invenção, e essa pode ser uma aplicação da ciência para inundar o mundo com objetos não artísticos, mas objetos científicos. O caráter não coisal da obra de arte rejeita essa falsa aproximação.

---

24 Op. cit., p. 122.

ELEMENTOS DA ESTÉTICA DE LEIBNIZ E O INTELECTUALISMO ESTÉTICO ALEMÃO DO SÉCULO XVIII

3

> "Nem a contradição é marca de erro, nem a não contradição é marca da verdade". (Pascal, *Pensées*, 1670)

O intelectualismo estético de Leibniz é uma das manifestações do racionalismo estético em voga na Europa do século XVIII, cujo modelo é o cartesianismo estético, indo até mesmo alcançar adeptos na Itália com Gravina (1664-1718), em "*La Ragion Poetica*",[1] ou na Suíça, com Bodmer (1698-1783) e Breitinger (1701-1776), passando por Gottsched (1700-1766), na Alemanha. Esta compreende Leibniz (1646-1716), Gottsched e os suíços Bodmer e Breitinger, Wolff (1679-1754), Baumgarten (1714-1762), Winckelmann (1717-1768), Sulzer (1720-1779), Kant (1724-1804), Mendelssohn (1729-1786), Lessing (1729-1781), Goethe (1749-1832), Schiller (1759-1805), Schelling (1775-1854), entre outros filósofos, poetas e artistas.

A estética de Leibniz não segue as mesmas tendências de Shaftesbury e Diderot. Sua estética abre cami-

---

1 Consultar CROCE, Benedetto. *Problemi di Estetica e contributi alla storia dell'estetica italiana*, (L'Estetica del Gravina, p. 363) Bari: Gius. Laterza & Figli,1954.

nho na Alemanha para um percurso que conduz a transição da lógica para a estética, cujo vértice é Baumgarten, caracterizada por um intelectualismo oriundo de Descartes e ausente na obra de Vico. Esse intelectualismo procurou trazer a arte para a verdade matemática, subordinando a sensibilidade ao intelecto, buscando um belo objetivo e absoluto como condição da perfeição estética. Assim, contrastava com o empirismo estético, que assumia o subjetivismo artístico como condição da criação. Do mesmo modo que não há propriamente uma estética de Descartes, não há uma estética de Leibniz. Entretanto, ideias sobre o belo e escritos dispersos autorizam uma interpretação estética da filosofia de Leibniz.

Croce foi quem escreveu das melhores páginas sobre a estética de Leibniz.[2] Inicialmente, o conceito de *cognição confusa* adotado por Descartes da tradição escolástica e, principalmente, de Duns Scotus. O que hoje chamaríamos de *cognição estética (cognição contraditória)*, que inclui a intuição – mas que Croce chama de *conhecimento fantástico (cognição intuitiva)* –, vai encontrar a sua origem em um texto de Leibniz pouquíssimo conhecido e citado, *De cognitione, veritate et ideis* (1684), onde ele divide o conhecimento em *cognitio obscura* ou *clara*. Esta em *confusa* ou *distinta*, e esta em *adaequata* ou *inadaequata*. A cognição estética é clara e confusa, mas não de modo algum distinta. E é exatamente isso que o leva a se referir a um *"eu não sei o quê"*, mais tarde explicitado nos *Novos Ensaios sobre o Entendimento Humano*, dando mais profundidade ao *Meditações sobre o conhecimento, a*

---

2 CROCE, Benedetto. *Estetica come sienza dell'espressione e linguistica generale*. Bari: Gius. Laterza & Figli, 1965. p. 228.

verdade e as ideias (*De cognitione, veritate et ideis*). Neste ele já afirma não ser possível aos artistas o domínio sobre o juízo artístico apesar de operarem um juízo específico na criação da obra de arte, buscando um "*não sei o quê*". Bouhours publicara em 1687 o *La manière de bien penser dans les ouvrages d'esprit* (nove edições de 1687 a 1756), que já introduz a "Querela dos Antigos e Modernos", um ano depois iniciada por Charles Perrault, sendo publicada gradativamente de 1688 a 1692. Mesmo Bouhours, em 1671, marcara o debate com *Entretiens d'Ariste et d'Eugène* (13 edições de 1671 a 1734), e talvez para fazer valer as suas ideias entre os "modernos" publica *Pensées ingénieuses des Anciens et des Modernes* (1689, com nove edições até 1758).

A teoria do "*je ne sais quoi*", apesar de ter antecedentes em Santo Tomás de Aquino-Alberto Magno, na verdade tem em Pascal sua influência mais direta, com uma simples menção no *Pensées*, publicado em 1670, do qual Bouhours se valeria em 1671 com o seu *Entretiens d'Ariste et d'Eugène*, dando maior consistência aos pensamentos de Pascal: "Como se diz beleza poética, dever-se-ia dizer também beleza geométrica e beleza medicinal. Entretanto, não se diz de modo algum; e a razão disso é que se sabe bem qual é o objeto da Geometria, e qual é o objeto da Medicina, mas *não se sabe em que* consiste o encanto que é o objeto da poesia. Não se sabe o que é esse modelo natural que é preciso imitar. E, na falta deste conhecimento, inventou-se certos termos estranhos, século de ouro, maravilha dos nossos dias, palma fatal, belo astro etc., e chamamos esse jargão de beleza poética. Mas quem imaginar uma mulher vestida com esse modelo verá uma bonita garota totalmente coberta de espelhos e pulseiras de latão e, ao invés de achá-la agradável, não poderá impedir-se de rir, porque se sabe melhor em que consiste o encanto de uma mulher que o encanto dos versos".³

Tatarkiewicz por sua vez credita a Alberti (1404-1472) a responsabilidade de tornar *artística e estética* a teoria do "*je ne sais quoi*" muito antes de ela se tornar respeitável pelos filósofos franceses no século XVII: "*Nos escritos de Gottfried Wilhelm Leibniz, as observações sobre problemas estéticos ocupam uma posição marginal. Porém, ele tinha ideias bem precisas na matéria. Ele defende que nós não temos um conhecimento racional da beleza. Mas (de todo modo isso diziam os racionalistas de então) isso não significa que não tivéssemos nenhum conhecimento. De fato, o conhecimento tem vários graus de clareza e racionalidade. Deste ponto de vista, podemos dizer que o nosso conhecimento da beleza está em um grau antes baixo, já que se baseia no gosto. O gosto pode decidir se uma coisa é bela, mas não pode explicar* por que *o é. O gosto, diz Leibniz, é alguma coisa 'de afim ao instinto'. Os pintores sabem distinguir as obras extraordinárias das feias, mas não são capazes de dizer sobre que bases operam tais distinções. Se a eles se pergunta, eles respondem que às obras que não agradam faltam um certo je ne sais quoi. Temos, pois, um certo conhecimento da beleza, mas este é de um gênero diverso daquele que temos da matemática ou da física. Esta é a solução que Leibniz propõe às velhas questões. Não era de todo nova. Ele tinha predecessores se não entre os filósofos, ao menos entre os artistas e críticos que de Alberti em diante haviam sustentado que o elemento decisivo do belo é o 'não sei que',*

---

3   PASCAL, Blaise. *Pensées*. Paris: Flammarion, 1670. p. 312. Cf. CHOUILLET, Jacques. *L'Esthétique des Lumières*. Paris: PUF, 1974, cap. "Les métaphysiques du beau".

o je ne sais quoi; e em uma certa medida também entre todos aqueles a quem os juízos sobre o belo tinham o seu fundamento não na razão, mas no olho, como Michelangelo e Shakespeare. Os filósofos dos Seiscentos, por conseguinte, nos deixaram dois sistemas de concepções estéticas, cada um dos quais vem formulado em oposição a uma certa teoria: contra o objetivismo de um lado e contra o racionalismo de outro. A maior parte dos estetas dos Setecentos segue o subjetivismo de Descartes e de Spinoza. Mas aquele que fundou a estética como disciplina autônoma, Alexander Baumgarten, escolheu a estrada traçada por Leibniz".[4]

No Prefácio aos *Novos Ensaios sobre o Entendimento Humano*, escrito entre os anos 1703 e 1716, Leibniz, ao referir-se às pequenas percepções,[5] afirma o seguinte: "*Estas pequenas percepções são de maior eficácia em seus desdobramentos do que se pensa. São elas que formam o je ne sais quoi, esses gostos, essas imagens das qualidades dos sentidos, claras no seu conjunto, mas confusas nas partes, essas impressões que os corpos circunvizinhos causam sobre nós, que envolvem o infinito, esta ligação que cada ser tem com todo o resto do universo. Pode-se mesmo dizer que, em consequência dessas pequenas percepções, o presente é rico de*

---

4   TATARKIEWICZ, Wladislaw. *Storia dell'estetica* (III-*L'estetica moderna*). Torino: Einaudi, 1980. p. 476.

5   A propósito, consultar excelente artigo do Padre Maurílio Teixeira-Leite Penido, Leibniz e o inconsciente cognitivo. *Revista da Academia Brasileira de Filosofia*. Rio de Janeiro-Universidade Estadual de Londrina, nº 1, p. 19, 1998. Penido refere-se a Leibniz como o descobridor do inconsciente: "Assim, ao escrever há 240 os *Novos Ensaios*, o genial autor já atingira uma concepção da vida mental que a mais adiantada psicologia moderna viria legitimar e corroborar" (p. 36).

futuro e carregado de passado, que tudo contribui e que, na menor das substâncias, olhos tão percucientes quanto os de Deus poderiam ler toda a sequência das coisas do universo".[6] Há, portanto, uma *claritas* de conjunto, ainda que uma *confusio* nas partes. Os artistas criam e julgam suas obras de arte com clareza e obscuridade, e jamais com distinção, pois a fantasia é cognição confusa. Contudo, segundo Croce "a *claritas* atribuída aos fatos estéticos é não já diferença específica, mas parcial antecipação da *distinctio* intelectiva".[7] Apesar dos avanços, Leibniz situa o conhecimento estético como inferior em uma perspectiva evolutiva que vai do conhecimento confuso da fantasia ao conhecimento distinto do intelecto. Assim, o intelectualismo estético vem de Descartes a Baumgarten, passando por Leibniz e Wolff, e fundamentando a poética de Gottsched.[8] Mesmo que a filosofia de Leibniz possa ser entendida como em oposição à de Descartes, alguns elementos persistem, sobretudo, no plano estético.

O historiador da estética, Raymond Bayer, afirma ser a definição do belo em Leibniz a base de todo o seu sistema. Da "*Beatitude*" (1710-1711) à "*Monadologia*" (1714), mesmo que nenhuma delas possa ser considerada da área estética, podem ser percebidos os elementos estéticos que, associados a outros do restante de suas obras, irão influenciar Baumgarten, Kant, Schelling e Hegel.

---

6   LEIBNIZ, G. Wilhelm. *Nouveaux essais sur l'entendement humain*. Paris: Garnier-Flammarion, 1966. p. 39.
7   CROCE, Benedetto. *Estetica come sienza dell'espressione e linguistica generale*. Bari: Gius. Laterza & Figli, 1965. p. 230.
8   GOTTSCHED, J. Chr. *Schriften sur Literatur*. Stuttgart: Reclam, 1982. A propósito, consultar: BODMER, Johann Jakob; BREITINGER, Johann Jakob. *Schriften sur Literatur*. Stuttgart: Reclam, 1980.

Bayer chega mesmo a afirmar que a estética de Kant nada mais é que uma subjetivização da estética de Leibniz. Bayer credita a Leibniz a descoberta da região estética como situada entre a sensibilidade e a inteligência pura, isto é, do conhecimento confuso da fantasia ao conhecimento distinto do intelecto. Há uma unidade na variedade, com a interligação de amor, beleza, ordem e perfeição. A harmonia é o belo, justificando uma hierarquia dos seres, e o feio é a desarmonia, o inconcebível. As mônadas articulam-se como elementos naturais, do mesmo modo que se associam os elementos linguísticos, matemáticos, musicais etc. O mundo é uma forma. As substâncias são formas. Sem forma não há substância, vida ou arte. As substâncias são formas em si, e cada objeto cria a sua forma, o objeto é uma identidade da substância com a forma, onde a substância é a forma. A forma é um objeto. Não há mundo sem forma. Não há substância sem forma. Assim, cada forma impõe um limite no espaço. A sua definição dá-se pelo limite. Segundo Bayer, "esta tese se aplica à criação artística. Cada tema, cada substância só pode ter uma forma, deve engendrar sua forma, e não existe problema de matéria. A forma engendra necessariamente a matéria, o conteúdo e mesmo o ato criador. Toda estética dá à forma um lugar importante, e esta concepção da substância autoformadora solicita uma estética".[9]

Assim, em linhas gerais foi-nos possível demonstrar os elementos fundamentais da estética de Leibniz situando-a na estética alemã e europeia dos séculos XVII e XVIII, cujo intelectualismo foi sendo gradativamente ultrapassado pelos avanços da estética romântica alemã, com os precedentes de Schiller e Goethe.

---

9   BAYER, Raymond. *Histoire de l'esthétique*. Paris: Armand Colin, 1961. p. 149.

ESTÉTICA BRASILEIRA CONTEMPORÂNEA: O SÉCULO DA MATURIDADE

4

Introdução

Tendo como princípio norteador o próprio tema central escolhido, "Raízes e perspectivas do pensamento filosófico brasileiro", procurarei enfatizar o *pensamento estético brasileiro contemporâneo* a partir da matriz contida em Luís Washington Vita, como que em homenagem a esta singular figura da filosofia no Brasil, atento ao desenvolvimento da filosofia como um todo e à estética em particular. Em *Tendências do Pensamento Estético Contemporâneo no Brasil*,[1] Vita introduz um esforço novo na história da filosofia brasileira ao condensar os principais nomes e suas principais ideias concernindo à filosofia estética em suas manifestações mais expressivas. Limitar-me-ei a examinar e atualizar em linhas gerais, e dentro dos limites de uma comunicação, as tendências apontadas por Vita, a partir das indicações ali contidas. Nesses anos que nos separam de *Tendências*, alguns grandes autores surgiram, outros se firmaram ainda mais, outros ainda decaíram em função da superficialidade ou da circunstancialidade que envolviam suas

---

1 VITA, Luís Washington. *Tendências do Pensamento Estético Contemporâneo no Brasil*. Rio de Janeiro: Civilização Brasileira, 1967.

obras. Desta feita, este último terço do século foi o suficiente para aprofundar a qualificação filosófica e crítica daqueles mesmos que Vita mencionara, e com isso possibilitando a afirmação de novas gerações de brasileiros que encontraram no próprio Brasil as referências exemplares e eruditas. Se em vida Luís Washington Vita dedicara-se ao Instituto Brasileiro de Filosofia, hoje encontra-se homenageado na Academia Brasileira de Filosofia como patrono da Cadeira nº 37, fundada por Ubiratan Borges de Macedo.

Estética Modernista

Uma das ausências mais significativas da estética modernista é o nome de Graça Aranha, autor do *Estética da Vida*. Essa deliberada exclusão de Graça Aranha reflete uma tendência histórica do grupo modernista e de adotar também como sua a crítica de Cândido Mota Filho, segundo a qual *Estética da Vida* é um livro fraco. Maria Helena Castro de Azevedo, sob orientação de Gilberto Mendonça Teles e a minha participação na banca examinadora, obteve o doutorado em letras pela PUC do Rio de Janeiro, com uma excelente biografia de Graça Aranha intitulada "Um Jóquei no seu Cavalo"[2] (1997). Mário de Andrade teria dito a Oswald de Andrade na Semana de Arte Moderna de 1922, segundo Cândido Mota Filho, o seguinte: "*Eu não acredito no modernismo de Graça Aranha. – Mas quem é que acredita?*", teria

---

2   CASTRO AZEVEDO, Maria Helena. *Um Jóquei no seu Cavalo*. Rio de Janeiro, Departamento de Letras, Pontifícia Universidade Católica do Rio de Janeiro, agosto de 1997.

respondido Oswald.[3] Mário também teria dito a Manuel Bandeira: "*Esse Todo Infinito já está aporrinhando a gente, não achas? É uma verdadeira obsessão a mania desses rapazes quererem se integrar no Cosmos*".[4] A rejeição a Graça fica clara ao longo da pesquisa, rejeição essa que Vita igualmente adotou. Sem dúvida, o livro de Graça Aranha é realmente muito fraco, mas nada justifica a omissão da figura emblemática de Graça e seu contestado *Estética da Vida*.

Referindo-se ao livro *L'Esthétique Mondiale au XX Siècle*, de Raymond Bayer,[5] Vita ressalta a citação ao Brasil apesar da discrição; entretanto, de 1961 aos nossos dias, cresceu de tal modo quantitativa e qualitativamente a produção filosófico-estética que supera muitas vezes aquela produzida entre 1900 e 1960. A maturidade estética do Brasil poderia ser demonstrada com a criação literária de Machado de Assis, as artes plásticas da Semana de Arte Moderna de 1922 em diante, a arquitetura de Oscar Niemeyer e o urbanismo de Lúcio Costa, paralelamente ao crescimento das universidades e faculdades de filosofia, associado ao surgimento de instituições privadas, tais como o Instituto Brasileiro de Filosofia, a Associação Brasileira de Críticos de Arte, a Bienal de São Paulo e diversas outras em todas as áreas. Acrescentaria a música, que naquele momento já exibia um prestígio internacional no campo erudito, com Villa-Lobos e outros, e no campo popular, com Tom Jobim, Vinícius de Morais, Caetano Veloso, Gilberto Gil, Jorge Mautner, Jorge Ben Jor, entre outros. Isso implica dizer que

---

3   *Idem, ibidem*, p. 209.
4   *Idem, ibidem*. p. 247.
5   BAYER, Raymond. *L'Esthétique mondiale au XX siècle*. Paris: PUF, 1961.

a criação artística brasileira deu um enorme salto de qualidade e quantidade nos últimos 100 anos, possibilitando aos estetas brasileiros encontrar na própria arte brasileira motivações filosóficas de alto nível, tarefa praticamente impossível até então. O modernismo brasileiro desencadeou a atualização como condição de superação do atraso, no que resultou em gerações futuras um forte empenho de pesquisa, tradução e esforço poliglótico, associados a viagens e formação acadêmica no exterior, implantando no Brasil uma séria e consequente formação universitária de padrão internacional.

Da estética modernista enfatizada por Vita, temos os nomes de Mário de Andrade, Oswald de Andrade e Sérgio Milliet. Três notáveis figuras do modernismo brasileiro que resistiram à crítica rigorosa do tempo e à crítica especializada, com vantagem para Mário de Andrade, conforme se nos revelou ainda mais na defesa de tese de doutoramento de Leda Maria de Miranda Hühne, "A Estética de Mário de Andrade", também sob orientação de Gilberto de Mendonça Teles, da qual igualmente partipei como membro da banca examinadora, na PUC do Rio de Janeiro.[6] Embora Mário não tenha tampouco uma estética de construção sistemática, foi possível montar um mosaico de uma estética dispersa e fragmentada. Sua condenação da precariedade filosófica dos modernistas se não chegou a incluí-lo, ao menos passou perto, pois nem ele próprio ordenou as suas ideias estéticas e artísticas, conforme também pode-se observar no texto *Estética e correntes do modernismo*, de Benedito Nunes.[7]

---

6   HÜHNE, Leda Maria de Miranda. *A Estética de Mário de Andrade*. Rio de Janeiro, Departamento de Letras da Pontifícia Universidade Católica do Rio de Janeiro, junho de 1999.

7   ÁVILA, Afonso (coord. e org.). *O Modernismo*. São Paulo: Editora Perspectiva,1975. p. 39.

Contudo, Mário de Andrade, Oswald de Andrade e Sérgio Milliet nos legaram uma obra consistente, apesar de fragmentária, e que não perderam sua densidade com os anos, revelando a obra avançada a que se propuseram, que vale mais pelo conjunto de atividades, textos, obras e traduções do que pela realização de uma obra filosófico-estética de maior peso teórico.

Estética Numinosa

Luís Washington Vita define *estética numinosa* – do latim *numen*, "estado religioso da alma inspirado pelas qualidades transcendentais da divindade", em Rudolf Otto (*Michaelis*) – como aquela fundada principalmente no neotomismo contemporâneo para interpretar a transcendência do belo, sob influência da obra de Jacques Maritain e outros pensadores católicos de filiações outras. Entretanto, essa filiação não se resume a uma aplicação unilateral do pensamento tomista, maritainiano e católico em geral, o que poderia sugerir uma superficial visão baseada somente no título da tendência apontada por Vita. Muito ao contrário, como conjunto estético forma ao lado do conjunto que chamou de *estética idealista* um enorme salto qualitativo na filosofia brasileira, agora plenamente pensando a estética através da terminologia e dos conceitos filosóficos rigorosamente aplicados, em um nível de abstração que a estética modernista não lograra alcançar. Pela própria erudição inerente à formação de sacerdotes na Igreja Católica – não nos esqueçamos da presença marcante do brasileiro Padre Maurílio Teixeira-Leite Penido na teologia e na filosofia contemporâneas em uma Europa singularmente exigente do ponto de vista intelectual e moral – o grupo numinoso destacou-se pela pertinência, exatidão e modernidade conceituais, elevando a estética brasileira a padrões internacionais de rigor científico sem perder a particular sensibilidade artística, em um domínio muito mais consistente da bibliografia clássica da filosofia.

São selecionados por Vita o Padre Orlando de Oliveira Vilela, o Padre Evaldo Pauli (membro atual da Academia Brasileira de Filosofia), o Irmão marista José Antônio Tobias, o Padre Guido Logger, o Padre Francisco M. Terlizzi, o Padre J. de Castro Néri, Dirceu A. Vítor Rodrigues, Theobaldo Miranda Santos e Tasso da Silveira. De todos, o mais consistente filosoficamente é Evaldo Pauli, mas com destaque especial a Orlando Vilela e José Antônio Tobias pela aguda e correta percepção intelectual e sensível da obra de arte como fato estético. A autonomia da arte e a singularidade da estética são defendidas com argumentações próprias e chegando a conclusões gerais similares à da tendência *idealista*. Com a *estética numinosa* o Brasil já começa a exibir uma qualificação conceitual de nível internacional, ainda que não tivesse ela produzido algo de original, isto é, não tivesse sido possível encontrar algo que poderíamos identificar como uma escola brasileira de estética. O avanço significativo foi encontrarmos filósofos profissionais com pleno domínio científico e capazes de um debate de alto nível filosófico.

Estética Idealista

Embora Evaldo Pauli tenha sido classificado na tendência da *estética numinosa* por adotar a "transcendência do belo", conforme critério adotado por Vita, suas obras *Estética Geral* e *Tratado do*

Belo[8] são antes de tudo como que em linhas gerais uma história da estética e uma história do belo, respectivamente. Isso implica afirmar que as tendências apontadas por Vita não são necessariamente conflitantes entre si, mas antes de tudo identificam ênfases ou características singulares que justifiquem uma classificação como diferença específica.

Desta feita, Vita chama *estética idealista* toda aquela que "explica o fenômeno artístico em si mesmo", e "numa tendência uniforme e que consiste na definição tautológica da arte, independentemente de suas circunstâncias sociais" (p. 64). Vê-se que aqui não há conflito algum com a chamada *estética numinosa*, que inclui a autonomia da arte ou, como Kant preferia conceituar, como finalidade sem fim (determinado). Estão agrupados nesta rubrica Padre Franz H. Bodenstalf, mais tarde Henrique Geenen, Estevão Cruz, Romano Galeffi, Geraldo Rodrigues, Rosário Fusco, Carlos Burlamaqui Köpke, Péricles Eugênio da Silva Ramos, Mário Pedrosa e Anatol Rosenfeld. De todos listados, só as obras de Estevão Cruz e Rosário Fusco não resistiram à prova do tempo. Estevão Cruz não saiu das definições mais elementares da estética e Rosário Fusco só saiu da estreiteza de uma confusa dependência política da estética e da arte (1940) para uma bizantina e filistina "introdução à experiência estética" (1952).

Os filósofos do grupo idealista são filiados a Kant, Hegel, Croce, Gentile, Bergson, Merleau-Ponty, entre outros. Se Romano Galeffi me parece o mais filosoficamente consistente, foi Mário Pedrosa quem mais marcou a cultura brasileira. Vita assinala o seu

---

8   PAULI, Evaldo. *Tratado do Belo*. Florianópolis: Editora Biblioteca Superior de Cultura, 1963. *Estética Geral*. Florianópolis: Editora Biblioteca Superior de Cultura, 1963.

abandono do marxismo estético, o que representou a Mário retirar os entraves intelectuais e desintoxicá-lo do ópio comunista, e com isso a possibilidade de desenvolver uma obra de alto nível estético e crítico. Entretanto, Mário tentou um *tour de force* de abandonar o marxismo estético e preservar o marxismo político. Em entrevista a mim concedida e publicada no livro *Arte contra Política no Brasil*,[9] e sua última entrevista, pois faleceu um tempo depois, vê-se um Mário nostálgico e que crê no futuro de um socialismo democrático, mas manteve sua condenação do marxismo estético-artístico. Mário identifica algumas tendências promissoras no marxismo "democrático", o que poderia salvar o socialismo de uma derrota definitiva no plano internacional. Nisso não pude ajudá-lo mas a seu pedido o indiquei um secretário. No plano da crítica de artes plásticas, sua obra só encontra paralelo nas de Frederico Morais e Ferreira Gullar. Eles formam a trindade dos maiores talentos da crítica de arte brasileira no século XX, tanto no plano da produção crítica quanto no da influência junto aos artistas de várias gerações. Embora Frederico Morais tenha tido maior continuidade, presença e contato com os artistas brasileiros. Destaco a crítica de Ferreira Gullar à época do neoconcretismo (*Teoria do Não Objeto*) que, no plano da abstração conceitual, ainda está por ser ultrapassado, tamanha a grandeza teórica do ensaio. Se Mário abandonou o marxismo estético e manteve o marxismo político, Gullar abandonou o marxismo político sem jamais ter adotado o marxismo estético, a não ser no plano teórico, em obras do passado, como *Vanguarda e subdesenvolvimento*. A prática artística de Gullar sempre foi

---

9   MODERNO, João Ricardo Carneiro. *Arte contra Política no Brasil*. Rio de Janeiro: Pallas, 1984.

distante do que pregava no plano político. Desse grupo *idealista*, destaque-se ainda a presença de Anatol Rosenfeld, que construiu sólida obra em alicerces de alta qualidade estética e artística.

Assim, o grupo de autores designados por Vita como *idealistas* tem a mesma vocação para a modernidade, na exaltação da autonomia da arte e da imaginação criadora, e na absoluta aceitação da dignidade da obra de arte em si mesma e nas suas relações com as culturas brasileira e universal.

Estética Sociológica

O panorama da *estética sociológica* não mudou muito desde a publicação de *Tendências*. Os nomes de Otto Maria Carpeaux e Antônio Cândido continuam até hoje em evidência, apesar da morte de Carpeaux. A excelência de ambos contrasta com a ausência de nomes de expressão nacional nas novas gerações de sociólogos, na grande maioria das vezes mais sociólogos que estetas. Alguns fatores podem explicar essa lacuna, como uma certa falta de interesse em benefício de assuntos de caráter político e econômico, teses bem construídas mas sem algo que faça a diferença e introduza novas perspectivas, a restrição ideológica imposta pelo marxismo nas universidades que ou consideram a pesquisa estética uma desprezível atividade burguesa ou veem nela uma oportunidade para o exercício burocrático da aplicação de um vasto número de clichês do comunismo, e com isso não se realiza pesquisas de qualidade. As duas excepcionais figuras de Carpeaux e Cândido encontram-se até hoje isoladas. Porém, certamente os departamentos de sociologia das universidades brasileiras devem ter começado a lançar novos autores que, ainda que porventura não sejam considerados gênios sociológicos, tenham lançado importantes luzes particulares sobre vários aspectos da cultura.

Se a sociologia da arte teve algum impulso no meio universitário como, por exemplo, os esforços no Museu Nacional da UFRJ, principalmente através de Gilberto Velho, e em outros departamentos no Brasil, a estética antropológica teve mais sucesso, maior abrangência e continuidade acadêmica. Maria Heloísa Fénelon Costa, à frente do Setor de Etnologia-Etnografia do Departamento de Antropologia do Museu Nacional da UFRJ, liderou vários encontros da Associação Brasileira de Antropologia (ABA) com excelentes pesquisadores de todo o Brasil. A antropologia da arte no Brasil de hoje é respeitada em todo o mundo, esse mesmo mundo que recebeu Fénelon Costa no Japão, onde escreveu um *Diário do Japão*, o qual herdei em sua memória, cujo conteúdo concerne a pesquisas relativas ao papel do corpo na cultura japonesa. A grande pesquisadora faleceu pouco tempo após retornar ao Brasil, deixando incompleta a fase japonesa da sua estética antropológica, que até então se centrava nas etnias indígenas brasileiras[10] e nas manifestações dos cultos afro-brasileiros.

Estética Diamática

A tendência *estética diamática* concerne aos adeptos da dialética materialista do marxismo. São listados Astrojildo Pereira, Fer-

---

10 FÉNELON COSTA, Maria Heloísa. *O mundo dos Mehináku e suas representações visuais*. Brasília: Editora Universidade de Brasília, 1988. Ver igualmente *A Arte e o Artista na sociedade Karajá*, entre outros estudos.

reira Gullar, José Guilherme Merquior e Roberto Schwarz. Dentre estes, Astrojildo e Gullar foram os mais comprometidos com o Partido Comunista e suas regulamentações estético-artísticas. Foi essa filiação que fez de Astrojildo um esteta de partido, isto é, esteta nenhum, uma mera repetição dos cânones stalinistas. Ferreira Gullar é o exemplo paradigmático na estética brasileira de como a ideologia totalitária foi superada em uma das maiores expressões e vocações críticas do pensamento brasileiro. Gullar foi capaz, como Mário de Andrade e José Guilherme Merquior, de superar a ideologia frente às evidências qualitativas e singulares da literatura, da arte, da arquitetura, da filosofia e das ciências humanas da antiguidade à contemporaneidade. Do Gullar de a *Cultura posta em Questão* e *Vanguarda e Subdesenvolvimento*,[11] pode-se afirmar com segurança que não há mais vestígios ideológicos, adotando o pensamento liberal rigorosamente de acordo com o Gullar de vanguarda nas artes plásticas e na poesia. Ele resolveu a contradição entre defender simultaneamente uma arte libertária de vanguarda e um sistema político de uma ideologia totalitária, dilema também enfrentado e não resolvido por Mário Pedrosa. Gullar em 2015 é um dos mais refinados críticos do totalitarismo, com uma coragem moral, filosófica, estética e política raramente vista no Brasil.

Já José Guilherme Merquior, fundador da Academia Brasileira de Filosofia, cuja Cadeira ocupo desde 1991, é um outro grande exemplo. Tendo sido classificado por Vita como marxista em 1967, ele não pôde acompanhar a evolução espiritual de Merquior, pois

---

11 GULLAR, Ferreira. *Cultura posta em Questão*. Rio de Janeiro: Civilização Brasileira, 1965. *Vanguarda e Subdesenvolvimento*. Rio de Janeiro: Civilização Brasileira, 1969. Cf. com poesia e teatro da época.

logo em 1969, a partir de premissas heideggerianas, José Guilherme publica *Arte e Sociedade em Marcuse, Adorno e Benjamin*,[12] e desde então combateu o marxismo e defendeu apaixonadamente o liberalismo. Seu livro traz uma inconsistência teórica ao escrever excessivamente sobre Heidegger em uma promessa de discutir Marcuse, Adorno e Benjamin. Contudo, com Merquior a estética brasileira pela primeira vez alcança verdadeiramente reconhecimento internacional. Superando o racionalismo inerente ao marxismo, Merquior saberá mais tarde aplicar a razão com muito mais pertinência e adequação nas obras futuras. Sua erudição, sua sensibilidade, sua inteligência e sua língua portuguesa o credenciam a ser considerado uma das maiores expressões da história da crítica no Brasil. Afrânio Coutinho, Alfredo Bosi, Cleonice Berardinelli, Eduardo Portella, Sábato Magaldi, Gilberto Mendonça Teles, Wilson Martins, Ivan Junqueira, Antonio Carlos Secchin, Alfredo Bosi, Domício Proença Filho, Marco Lucchesi e Luiz Costa Lima são as únicas figuras da crítica literária brasileira que a rigor podemos colocar no mesmo patamar de qualidade. E hoje, Carlos Nejar com sua belíssima *História da Literatura Brasileira* se firmou como um grande teórico, somando-se ao gênio da criação na poesia e no romance. Considero a língua portuguesa de Merquior uma das mais belas das nossas ciências humanas, não somente na crítica literária. Atualizar a tendência apontada por Vita é reclassificar José Guilherme Merquior, que poderia constar na *idealista, filosófica* ou *crítica*, ou qualquer outra que não a *diamática*.

---

12 MERQUIOR, José Guilherme. *Arte e Sociedade em Marcuse, Adorno e Benjamin*. Ensaio crítico sobre a escola neo-hegeliana de Frankfurt. Rio de Janeiro: Tempo Brasileiro, 1969.

Quanto a Roberto Schwarz, parece-me que ficou aquém, neste intervalo de décadas, da expectativa surgida com a ressaltada importância das suas primeiras publicações. A intensidade das promessas não coincidiu com a visibilidade das realizações. Isso não diminui o que fez, mas frustra aqueles que esperavam um desempenho à altura do seu talento. Embora menos diamático do que parece sugerir a classificação de Vita, diamático o suficiente para ter criado mais dificuldades do que passagens para um entendimento estético mais sofisticado filosófica e criticamente.

Estética Existencialista

O grupo existencialista vem formado por Vicente Ferreira da Silva, Wilson Alves Chagas (membro fundador da Academia Brasileira de Filosofia), Vilém Flusser e Otávio Melo Alvarenga. Apontado por Vita como o mais importante existencialista brasileiro até aquela data, Vicente é recordado por muitos como uma das mais interessantes personalidades filosóficas brasileiras, com uma obra não acadêmica propriamente dita, mas com um rigor científico, uma penetração e uma elegância ímpares. Suas páginas de estética não envelheceram, o que demonstra a agudeza, a fineza e a alta qualidade das suas referências filosóficas e das suas especulações.

De resto, pode-se afirmar o mesmo do grupo existencialista, com uma certa homogeneidade na qualidade. Possivelmente pela própria natureza da vinculação filosófica, há uma compreensão unânime da autonomia da arte e das suas especificidades. Wilson Chagas foi capaz de uma sutil definição do fato artístico em penetrante compreensão da estética filosófica. Flusser, de sólida formação científica no plano da linguagem, e marcado pelo Círculo de Viena, no culto à língua como fundamento do ser, sendo da essência mesma criadora do homem a existência na língua, com a língua e pela língua, sua estética alcançou um alto grau de sofisticação teórica sem trair a essência autônoma da arte. Mesmo Alvarenga, filiando-se mais a Sartre e Camus, teve avançada concepção da obra de arte, chegando a admitir o paradoxo como da estrutura mesma da arte, afastando-se com isso das prerrogativas típicas da lógica, e por isso estranhas à estética.

Estéticas de Vanguarda e/ou de Retaguarda

O grupo denominado *vanguarda* e/ou *retaguarda*, se já à época era importante, nesses 32 anos cresceu enormemente e constitui um dos mais ativos e presentes na cultura brasileira, de uma excepcional qualidade e fineza intelectuais, afora a inquestionável erudição e o domínio da bibliografia universal mais sofisticada, representa uma fortíssima tendência estética no espírito brasileiro. Do mesmo modo que a criação das faculdades de filosofia, as faculdades de letras com mestrado e doutorado espalhadas por todo o Brasil foram capazes de oferecer às novas gerações uma formação de alto nível, antes somente obtida no exterior. É claro que muitos desses mantêm contatos com importantes universidades no exterior, ou mesmo lecionaram em algumas delas. Este grupo vem formado por Afrânio Coutinho, Euryalo Cannabrava, Augusto de Campos, Décio Pignatari, Haroldo de Campos e Mário Chamie. Se esta lista restringe-se aos teóricos e críticos da literatura, Vita admite tê-la podido ampliar para a crítica de artes plásticas, musical e, quem sabe, teatral.

Dos mencionados somente a obra de Euryalo Cannabrava não resistiu à crítica do tempo, embora o tivesse incluído muito a contragosto, pois a filiação de Cannabrava à filosofia analítica por antecipação o descredenciava a pronunciar-se sobre estética, Vita optou por expor algumas ideias do autor para evidenciar exatamente o que não deve ser feito nem seguido, pois o método analítico "pretende aplicar em realidades que não lhe dizem respeito" (p. 183) algo que só vale para as realidades matemáticas.

A excepcional obra de Afrânio Coutinho vai encontrar paralelo em outras não inclusas no livro *Tendências*, como as de Alceu Amoroso Lima, Cleonice Berardinelli, Eduardo Portella, Alfredo Bosi, Domício Proença Filho, Gilberto Mendonça Teles, Sábato Magaldi, Luiz Costa Lima, Ivan Junqueira, Carlos Nejar, Antonio Carlos Secchin, Marco Lucchesi e José Guilherme Merquior. O último terço do século foi particularmente generoso no surgimento de grandes nomes que vieram somar-se aos de Alceu e Afrânio, e certamente esta tendência continuará a revelar talentos e gênios críticos organicamente engajados na literatura e cultura brasileiras, e simultaneamente alcançando elevado prestígio internacional.

Se o racionalismo de Cannabrava inviabilizou a sua estética, o racionalismo crítico de Augusto e Haroldo de Campos na vertente concretista se não foi um obstáculo intransponível na criação literária da época, ao menos o foi para a sua continuidade crítica, tornando-se um processo esgotado historicamente, tanto quanto a teoria-práxis de Mário Chamie. Os racionalismos estéticos ou impedem a obra de arte de qualidade, ou mais adiante tornam-se um impasse à imaginação criadora, submetendo a fantasia criadora a um processo por demais estranho às suas atividades. Ainda assim, os irmãos Campos até hoje têm demonstrado uma singularíssima vitalidade e presença na cultura brasileira. Décio Pignatari me parece ter desviado os seus interesses, e não se propôs a desenvolver uma estética de maior alcance cultural, historicamente ainda lembrado por essa primeira fase que vai da teoria concreta aos estudos da teoria da informação. O tempo provou a insuficiência do racionalismo estético, pois tanto no plano da criação poética quanto na teoria estética são flagrantes o esgotamento e o definhamento históricos da tendência. Aqueles seguidores que logo adiante foram para o estruturalismo também se viram defronte a impasse semelhante. Contudo, o grupo da tendência apontada como vanguarda motivou inúmeros debates, publicações e polêmicas que motivaram as novas gerações a dedicarem-se aos estudos literários, traduções e pesquisas de ponta, que até então eram quase que exclusivamente de responsabilidade de certos intelectuais dotados de heroísmo cultural. Frederico Morais deve ser ressaltado como o mais influente crítico de artes plásticas do Brasil em toda sua história, líder da vanguarda brasileira, extremamente criativo e erudito. Hoje vivendo mais recluso em sua casa no Rio de Janeiro, Frederico faz parte de um pequeno grupo dos grandes críticos brasileiros, ao lado de Mário Pedrosa, Ferreira Gullar, entre outros.

Estética Filosófica

A tendência *estética filosófica* não está presente na classificação de Luís Washington Vita, sendo apenas uma complementação a título de sugestão, não que aqueles mencionados não possam ser incluídos nesta tendência, e muitos são filósofos, mas sugere um tipo de estética na qual se desenvolve a filosofia a partir dos conceitos intrínsecos à própria estética. Citaria como exemplo Benedito Nunes (membro da Academia Brasileira de Filosofia) e João Ricardo Moderno (atual presidente da Academia Brasileira de Filosofia, sucessor de José Guilherme Merquior).

Benedito Nunes marcou a história da filosofia no Brasil, sobretudo através da suas pesquisas estéticas e da crítica literária com fundamentação filosófica. Sua obra mais importante refere-se aos estudos sobre Heidegger, como *Passagem para o Poético – Filosofia e Poesia em Heidegger*,[13] tornando-a senão a mais importante até o momento, ao menos um grande marco na estética filosófica, a despeito de tudo que se sabe do nazismo no interior da obra filosófica de Martin Heidegger. Nunes também exerceu ativa participação em universidades e congressos. Membro fundador da Academia Brasileira de Filosofia, Benedito Nunes foi sucedido pela filósofa e socióloga Barbara Freitag Rouanet na Cadeira nº 8, tendo sido saudada pelo acadêmico Vamireh Chacon.

João Ricardo Moderno conciliou a trajetória da criação artística com a formação acadêmica, tendo publicado o já citado *Arte contra política no Brasil*, onde aponta a autonomia da arte diante das ideologias como condição da liberdade de criação e, mais recentemente, *Estética da Contradição*.[14] Pelas limitações de

---

13 NUNES, Benedito. *Passagem para o Poético* – Filosofia e Poesia em Heidegger. São Paulo: Ática, 1986.
14 MODERNO, João Ricardo Carneiro. *Estética da Contradição*. São Paulo: Editora Perspectiva, 2013.

ser o autor o próprio citado, passo a palavra a alguns comentários sobre *Estética da Contradição*.

Antônio Carlos Villaça menciona que "Estética da Contradição *é sua tese de Doutorado de Estado (Doctorat d'État) na Universidade de Paris I – Panthéon – Sorbonne, (...) e é um trabalho filosófico da mais alta qualidade crítica, que honra o pensamento nacional*". Evaristo de Moraes Filho, membro da Academia Brasileira de Letras e fundador da Academia Brasileira de Filosofia, assim se refere: "*A tese de João Ricardo Moderno constitui absoluta novidade no Brasil, trata-se de um estudo sério, profundo e minudente do problema da estética da contradição(...)* Estética da Contradição *é um livro que honra a bibliografia filosófica brasileira, ensinando, provocando debates e esclarecendo. Coloca, sem dúvida, o seu autor, presidente da Academia Brasileira de Filosofia, no primeiro plano dos que pensam e fazem filosofia no Brasil*". Por outro lado, Ronaldo Rogério de Freitas Mourão, membro do Instituto Histórico e Geográfico Brasileiro e pesquisador titular do Museu de Astronomia (CNPq), afirma que "Estética da Contradição *é a primeira e única obra no campo da estética filosófica a tratar desta problemática. Isto a credencia a dar uma nova dimensão internacional à filosofia no Brasil. É uma obra de referência nacional e internacional, cujo mérito é ser pioneira no assunto.* Estética da Contradição *funda a 'Escola Brasileira de Estética', uma corrente de estética ou filosofia da arte e da cultura que eu chamaria de 'Escola do Rio'(...)*".

Concluindo, acredito ter feito uma justa homenagem a Luís Washington Vita, atualizando-o, e à espera de alguém que possa finalmente escrever uma *História das ideias estéticas no Brasil*, projeto infelizmente interrompido, e que Vita acalentava no seu coração e no coração do seu espírito filosófico.

O ASSOMBRO DA IMAGINAÇÃO CRIADORA

5

Personagem central de *Carta aos Loucos*, Assombro é cidade-mulher, onde o maravilhoso da vida se confunde com o maravilhoso ato criador da arte, da obra de arte como expressão da fineza do espírito, à imagem e semelhança do Espírito, contrariando uma tradição demonizadora da imaginação criadora. Nejar santifica a "loucura" artística, tirando-a do revestimento satânico imposto por uma razão tirânica. A socrático-aristotélica *Assombro* parteja cartas artísticas ou "loucas", numa metafísica da arte pela via não conceitual da criação literária. A cidade é um útero, labirinto, onde seres humanos vivem e imaginam "loucuras". Israel Rolando assume a narrativa coletando fragmentos de vida e de imaginação como vida. A criação literária é um ato de assombro, consequência do assombro de estar no mundo e procurar reinventá-lo. Deus criou o mundo, nós estamos condenados a recriá-lo pela arte.

Como toda obra-prima, *Carta aos Loucos* resiste ao resumo, à simplificação. Permeada de personagens cujas referências à história da filosofia e à história da literatura são perfeitamente identificáveis, em nenhum momento *Carta* remete explicitamente às obras dos mesmos. Nejar ludicamente distribui tarefas e funções aos grandes nomes da literatura e da filosofia, como o motorista Deleuze ou o pastor Novalis, sem fazer do romance uma história raciocinante. A este título, vale preciosa ênfase irônica de Clarice Lispector ao referir-se a Nejar "*com admiração, identifico a mim e tão burro quanto eu*". A criação literária não é uma atividade racional, cognitiva, de inteligência conceitual, discursiva, mas "burra" no sentido de produto da inteligência imaginante, da imaginação criadora, fora dos parâmetros da racionalidade, um delírio fugaz e volitivo. Platão e os gregos antigos a designavam "*mania*", loucura pelas Musas, através do transe ou delírio poético. A "desordem" artística sempre desafiou a ordem da razão, e esta até hoje acumulou uma enorme dificuldade histórica em conviver com as razões da desordem artística, que é de fato uma *ordem singular*.

Carta aos Loucos parece cumprir a máxima do fragmento 20 dos últimos fragmentos de Novalis, o escritor, "é preciso que um romance seja do começo ao fim poesia". Nejar recupera fragmentos de palavras e sonhos, imagens, e os transforma em obra de arte; vale dizer, ele não se situa em certa corrente da literatura brasileira que exibe desassombro com relação a conceitos de natureza racional e consciente, querendo a todo custo romancear "ideias", "doutrinas", "teses" e "pesquisas", mais do domínio da história ou da ciência política que da literatura. Nejar afirma-se como um grande artista. A primeira condição de sê-lo é desejá--lo, amparado por uma poderosa imaginação criadora e prepará--la, sem medo do desconhecido. Romance é invenção literária, sem compromissos firmados com a realidade empírica, mas pela magia literária criando um mundo que quanto mais delirante e criador mais próximo da verdade. O chamado conteúdo de verdade da obra de arte na filosofia estética de Adorno passa pela obra como contradição estética. A "loucura" da imaginação criadora nunca gerou cadáveres, mas a "racionalidade" da razão não pode olhar para trás – *"acende o fósforo a razão, e ser humano é labareda"* (p. 69).

Novalis imaginou o filósofo como um "mago" que pudesse pôr em ação à sua vontade "o organismo universal" e fazer aparecer maravilhosamente um mundo. Esta representação foi tomada incontestavelmente do fazer do poeta. Nejar aproveita-se das maravilhas na Bíblia para, ao lembrar João, Apocalipse, 21.5, "eis que faço novas todas as coisas", fazer novas todas as coisas dispostas no mundo. *Carta aos* Loucos faz aparecer maravilhosamente um mundo, um mundo onde *"o futuro é a imaginação"* (p. 181), e "não estaremos mais sós". Do mesmo modo, para Baudelaire a imaginação é a rainha das faculdades.

Assombro, a *"Jerusalém das cinzas"*, onde o tempo é doença e morte, onde a razão tem valor relativo, onde a memória só tem valor se for memória imaginante, o único valor absoluto é a imaginação criadora. Há uma mística cristã da imaginação criadora como pão da terra. A obra de arte é o antegosto do gozo definitivo no Espírito face a face. A palavra literária experimenta antecipadamente a liberdade futura, que é a imaginação em Deus. A morte pelo tempo pode ser compensada pela vida na palavra, mas aqui palavra artística. A força da palavra a faz ter cheiro, tato, concretude e transcendência metafísica.

Em diversos momentos de *Carta*, Nejar abandona por imposição do inconsciente a estrutura "normal" da sintaxe para adotar o "delírio" da parataxe, tão caro a Hölderlin. Sem o misoneísmo dos escritores bem pensantes e racionais, Nejar reafirma sua coragem artística ao ampliar a sua intimidade com os desvãos da imaginação criadora e nos espaços sadios de uma desrazão poética. Carlos Nejar demonstra artisticamente que a razão em literatura se subordina à imaginação criadora, linha auxiliar como razão imaginante, instrumento da dignidade da palavra criadora. *Carta aos Loucos* é um monumento ao pão vivo da palavra literária. Recordo Benedetto Croce, para quem arte é monumento e não documento. Carlos Nejar inaugura um novo paradigma de romance na literatura brasileira, que não é mais a mesma após *Carta*, e certamente muitíssimo menos burra, no sentido literal e estrito da palavra.

Bibliografia

CROCE, Benedetto. *Breviário de Estética*. São Paulo: Editora Ática, 1997. Caps. 1, 2 e 3.

GADAMER, Hens-Georg. *A Razão na Época da Ciência*. Rio de Janeiro: Editora Tempo Brasileiro, 1983. p. 9-87.

MODERNO, João Ricardo. *Estética da Contradição*. São Paulo: Editora Perspectiva, 2013. p. 13-128.

ROSSI, Roberto. *Introdução à Filosofia*. São Paulo: Edições Loyola, 1996. Caps. 6-11.

LEONARDO PROTA E A FILOSOFIA FRANCESA

Alcance geral e justeza teórica da definição de filosofia nacional – Hegel e rastros hegelianos

A obra *As Filosofias Nacionais e a Questão da Universalidade da Filosofia* (Londrina: Editora UEL, 2000) pode ser traduzida como um esforço de solução de um quebra-cabeça que restava por ser enfrentado com a coragem e a perseverança demonstradas por Leonardo Prota. Senão a solução, ao menos a indicação avançada em que as pesquisas do próprio autor serviriam como guia precursor para aqueles que teriam o trabalho do detalhamento histórico e teórico.

Para tal, seriam necessárias a sustentação teórica do termo *filosofia nacional* e a sua demonstração clara e distinta de maneira endógena, e a solução para as possíveis objeções relativas à universalidade da filosofia que poderia estar sendo questionada segundo uma visão primária ou bastante escolar do conceito de filosofia. Nesse sentido, a sustentação de uma filosofia nacional francesa dá-se a partir de uma premissa válida e teoricamente demonstrada segundo a qual é preciso identidade cultural fundada em um povo, uma nação, uma língua principal, uma história e uma constelação idiossincrática baseada em singularidades de interesses, desenvolvimentos e ênfases.

Do mesmo modo que se responde com facilidade a respeito de uma arte francesa, uma arquitetura alemã ou italiana, uma literatura inglesa, e assim sucessivamente, é legítimo referir-se a uma filosofia francesa, ou a uma filosofia brasileira a exemplo de uma literatura brasileira, ou arte brasileira. Dialeticamente a herança histórica da filosofia converte-se em dedução no plano nacional, ou em indução da singularidade no plano universal.

Hegel assim se referia: "No que diz respeito à relação histórica da filosofia, a primeira coisa a ser notada é a conexão universal da filosofia de uma época com os demais produtos espirituais da mesma época. (...) Aqui devemos considerar esta relação sob um aspecto inteiramente diferente; a categoria essencial é a unidade, a conexão de todas essas formas distintas. Deve-se afirmar aqui que é somente *um* espírito, *um* princípio o que se expressa tanto no estado político quanto na religião, na arte, na moralidade, na vida social, no comércio e na indústria, de maneira que estas formas diferentes são somente ramos de um tronco central. Este é o principal ponto de vista".[1]

Leonardo Prota, tal como Miguel Reale, Antônio Paim,[2] Ricardo Vélez Rodríguez,[3] ou mesmo Yvon Belaval,[4] procura dar

---

1 HEGEL, Georg W. Friedrich. *Introdução à História da Filosofia*. Trad. Euclidy Carneiro da Silva. São Paulo: Hemus Editora, 1976. p. 83.
2 PAIM, Antônio. *Das Filosofias Nacionais*. Lisboa: Universidade Nova de Lisboa, 1991.
3 VÉLEZ RODRÍGUEZ, Ricardo. A Filosofia Inglesa. In: PROTA, Leonardo (Org.). Anais do 1º Encontro Nacional de Professores e Pesquisadores da Filosofia Brasileira. Londrina: CEFIL/UEL, 1989.
4 BELAVAL, Yvon. *Histoire de la Philosophie* 2-3, Encyclopédie de la Pléiade. Paris: Gallimard, 1973-1974.

conta do universo conceitual da filosofia dita nacional. Prota menciona dois aspectos fundamentais que não podem ser perdidos de vista na abordagem do conceito de filosofia nacional: o de *sujeito pensante* e o de *características distintivas*. Vale dizer, portanto, que há um *sujeito individual* pensante, mas que pensa em meio às *características históricas* de sua cultura e de sua civilização. A universalidade da filosofia se apresenta com *tais* características em *tal* nação ou *tal* povo, a partir de *tal* pessoa, *tal* sujeito pensante individual, que se expressa individual e criticamente desse jeito e não de outro, valendo-se das características culturais historicamente sedimentadas. Essas características atuam de modo latente e manifesto, inconsciente e consciente, no plano individual, assim como no plano coletivo, supraindividual. Se a sua crítica aos totalitarismos deve-se em parte em função da negação do valor da pessoa humana e da desvinculação da moral e dos valores no seio do político e do econômico, a título de coerência não se poderia perder a menção ao sujeito individual, a irredutível singularidade do indivíduo humano, base do cristianismo católico, anunciada por Deus na promessa da vida eterna através da ressurreição da carne especial a nos ser concedida por sua livre bondade.

Contudo, há em Hegel igualmente o germe do totalitarismo, tal como o vimos resgatado pelo marxismo-leninismo-maoísmo: o fim da autonomia do sujeito, a anulação do sujeito individual, o deboche pela liberdade crítica da pessoa individual, base do Estado de Direito Democrático e fundamento do liberalismo. Convém lembrar que o totalitarismo nazista, mesmo sem reivindicar a filiação a Hegel, traduz-se numa busca pela origem, fundamento, solo e sangue. Dialeticamente, contudo, ainda assim, há elementos absolutamente ricos de possibilidades teóricas em benefício do sujeito individual e da aplicação na leitura de uma filosofia nacional.

Se tomarmos a definição do conceito de *povo* em Hegel, leremos o seguinte: "A forma concreta (*Gelstaltung*) que reveste o Espírito (que nós concebemos essencialmente como Consciência de si) não é aquela de um indivíduo humano singular. O Espírito é essencialmente indivíduo; mas dentro do elemento da história universal não temos que ver com pessoas singulares reduzidas a sua individualidade particular. Na história, o Espírito é um indivíduo ao mesmo tempo universal e determinado: um povo; e o Espírito ao qual nós temos a ver é o *Espírito do Povo* (*Volksgeist*). Os Espíritos populares por sua vez se distinguem segundo a representação que eles fazem de si mesmos, segundo a superficialidade ou a profundidade com a qual eles apreenderam o Espírito. A ordem ética dos povos e seu direito (*das Recht des Sittlichen*) constituem a consciência que o Espírito tem dele próprio. O que se realiza na história, portanto, é a representação do Espírito. (...) A consciência do Espírito deve se dar uma forma concreta no mundo; a matéria desta encarnação, o solo sobre o qual ela se enraíza nada mais é que a consciência geral, a consciência de um povo. Esta consciência contém todos os objetivos e interesses do povo: é ela que constitui seus mores, seu direito, sua religião etc. Ela forma a substância do espírito de um povo; e mesmo se os indivíduos não estão conscientes disso, ela permanece como sua pressuposição. Ela opera como uma necessidade: o indivíduo é formado nesta ambiência e ignora todo o resto. Entretanto, não se trata de um simples efeito da educação. A consciência de um povo não é transmitida ao indivíduo como uma lição pronta, mas se forma por ele: o indivíduo existe nesta substância. Esta substância geral não é o curso do mundo (*das Weltliche*); ao contrário, este se ergue impotente contra ela. Nenhum indivíduo pode ultrapassar os limites que lhe destina essa substância. Ele pode bem se distinguir dos outros indivíduos, mas não do Espírito de seu povo. Ele pode ser mais inteligente do que os outros, mas ele não pode ultrapassar o Espírito de seu povo. Só são inteligentes aqueles que tomaram consciência do Espírito de seu povo e se conformam a ele. São esses os grandes homens desse povo e eles o conduzem segundo o Espírito geral. Os indivíduos desaparecem para nós, e só têm valor na medida em que eles realizaram aquilo que reclamava o Espírito do povo. Na consideração filosófica da história, deve-se evitar expressões do gênero: este Estado não teria falido se tivesse havido um homem que etc. Os indivíduos desaparecem diante da substancialidade do conjunto, e este forma os indivíduos os quais ele tem necessidade. Os indivíduos não impedem que aconteça o que deve acontecer.

O Espírito popular é essencialmente um Espírito particular, mas ao mesmo tempo ele nada mais é que o Espírito universal absoluto – pois este é Único. O *Espírito do Mundo* (*Weltgeist*) é o Espírito do Universo tal como ele se explicita na consciência humana. Entre ele e os homens, há a mesma relação que entre os indivíduos e o Todo que é sua substância. Esse Espírito do Mundo é conforme ao Espírito divino, o qual é o Espírito absoluto. Na medida em que Deus é onipresente, ele existe em cada homem e aparece em cada consciência: isto é o Espírito do Mundo. O Espírito particular de um povo pode declinar, desaparecer, mas ele forma uma etapa na marcha geral do Espírito do Mundo e este não pode desaparecer. O Espírito de um Povo é, pois, o Espírito universal em uma figura particular que lhe é subordinada, mas que ele deve revestir na medida em que ele existe, porque com a existência aparece igualmente a particularidade. "(...) Esta consciência, nós já a vimos, é uma consciência de si. (...) A consciência de si é um conceito filosófico que só pode receber a plenitude de suas determinações pelo desenvolvimento filosófico."[5] Dessa feita, e há uma referência explícita de Hegel, a consciência de si não trata do indivíduo temporal, mas o homem é parte ou faz parte da onipresença de Deus, deificando o homem e erigindo uma espécie de panteísmo da história. Por outro lado, o Espírito é o indivíduo total, não indivíduos particulares. Espírito do Povo, Espírito do Mundo, Espírito do Universo e o Espírito Absoluto, eis o conjunto hegeliano que fundamenta a origem e a ação histórica dos povos. Entretanto, senão por essa via, mas por outra, transversal, segundo a qual o espírito individual nascendo em meio ao Espírito do Povo e sua ambiência histórica produziria uma filosofia individual com todos os traços da filosofia nacional, organicamente. A consciência individual insere-se na consciência geral. Hegel dirá que "a filosofia é a flor mais elevada, é o *conceito* da estrutura total daqueles múltiplos aspectos, a consciência e a essência espiritual de todo o Estado, é o espírito da *época*, enquanto *espírito* existente que se pensa. O todo multiconfigurado se reflete nela como no *foco simples*, como no conceito do todo que se conhece a si mesmo".[6]

A afirmação da individualidade pensante foi exaustivamente defendida por Theodor W. Adorno, confirmando a sua inequívoca

---

5 HEGEL, Georg W. Friedrich. *La Raison dans l'Histoire*. Introduction à la Philosophie de l'Histoire. Tradução de Kostas Papaioannou. Paris: Plon, 1965. p. 81.
6 HEGEL, Georg W. Friedrich. *Introdução à História da Filosofia*. Trad. Euclidy Carneiro da Silva. São Paulo: Hemus Editora, 1976. p. 221.

vocação antitotalitária, por toda a sua obra, e de resto de toda a Escola de Frankfurt, no Brasil mais citada que lida, quando da conjugação do que Adorno chamou de momento de expressão com o momento científico da filosofia. O momento de expressão é fruto da expressão individual irredutível, a exemplo da expressão da arte, cuja singularidade dá-se na individualidade do sujeito criador que, mesmo inserido na história, esta não explica o surgimento do gênio criador e sua obras, isto é, não há imediatidade na relação da consciência individual com a consciência geral, para ficarmos dentro da terminologia hegeliana, mas, sim, uma constelação de mediações tangenciando o desconhecido e a imprevisibilidade. Porém, adverte Adorno que a expressão individual não pode deixar de vir acompanhada do momento de rigor, ou momento científico. Caso contrário, a filosofia converte-se somente em concepção de mundo a partir da ótica individual, egótica, isolada do contexto cultural endógeno e exógeno, que mais adiante servirá de mote interpretativo da filosofia francesa contemporânea. A filosofia não é um vale-tudo ou um faz-de-conta conceitual. Mantida a dialética do que posso chamar de momento pessoal com o momento impessoal, da imaginação com a razão, mantém-se a dialética da não identidade com a identidade, a fusão da individualidade pensante com a imaterialidade histórica do Espírito do Povo, no dizer hegeliano. Ou ainda, diz ele: "Entre o momento científico e o momento mimético ou experiencial da filosofia domina uma tensão. A filosofia se falseia justamente no momento em que abandona esta tensão e se abraça definitivamente a um ou a outro dos chamados princípios. Com isso delimitei a filosofia a propósito daquilo que me parece mais perigoso, o mal-entendido da filosofia como concepção de mundo. Quando a filosofia, isolada, sem experimentar contato com a ciência, cai simplesmente em tal momento expressivo, que por outra parte já ordinariamente desde o começo é falseado e coisificado, degenera em seu oposto. A concepção do mundo opõe-se à filosofia tanto quanto o pensamento reificado. Quase se poderia dizer que ciência e concepção do mundo são as partes separadas daquilo que significa filosofia, e que já não se pode recompor ou reestruturar a partir de tais elementos separados entre si. Só talvez se possa conseguir que ambos os momentos medeiem-se entre si, e sejam captados em sua dependência mútua. Porém, precisamente o pensamento que crê apoderar-se desse todo, cindido e dividido no trabalho científico, de modo imediato e como por encantamento, quer dizer, meramente por um ato subjetivo, justamente essa relação ao todo, se se entende isolada e imediata, recai totalmente no privado. Isso é o que são esses projetos ocasionais e arbitrários das concepções filosóficas do mundo que apresentam homens isolados, extasiando-se nelas, e que, quanto mais pomposos e pretensiosos resultam, tanto menos têm a ver com a verdade".[7]

Se a filosofia na vertente de Hegel tem razão ao estabelecer os vínculos nacionais e históricos do sujeito individual pensante, algo no domínio da identidade, há de se mencionar de modo enfático que há muito de não identidade no seio da identidade, isto significa dizer da necessidade da preservação da contradição dialética da identidade com a não identidade, sustentando a sobrevivência do sujeito crítico pensante que, sem abandonar a identidade da época, do povo, da nação e da história, simultaneamente não é nada disso, e mesmo contra isso, preservando o espaço crítico da

---

[7] ADORNO, Theodor W. *Terminología filosófica I*. Trad. Ricardo Sánchez Ortiz de Urbina. Madrid: Taurus Ediciones, 1983. p. 70.

não identidade. Esta sustenta e põe em questão as garantias individuais e constitucionais, a tolerância, o respeito às diferenças e divergências em espaço decididamente democrático. A não identidade é o espaço da diferença, princípio liberal por excelência. É a salvaguarda contra os totalitarismos, pois se o espírito da época, o espírito do povo e a consciência geral regredirem à barbárie totalitária, quem ainda continuará pensando criticamente sobre o pau-de-arara do pensamento uniforme? Quem restará para não deixar se abafar os gritos das vítimas da consciência geral?

Os recentes ataques aos centros militar, político e econômico dos EUA em 11 de setembro de 2001 pelos representantes dos totalitarismos religiosos e políticos dão um exemplo macabro do sistema de identidade do Espírito do Povo e da consciência geral pervertida, patológica e demoníaca. Nações atrasadas veem-se desesperadas com o contato direto com civilizações liberais em que a tolerância, a diferença, a divergência, a crítica e o novo têm direito de cidadania prática e constitucional. Não é o terror dos excluídos contra os incluídos. O perigo da defesa da consciência total, da consciência geral, é que se não virem acompanhadas da simultânea não identidade no seio da identidade podem se transformar na mais terrível das regressões à barbárie. A barbárie instalou-se definitivamente no seio do conjunto das nações. A barbárie é a identidade absoluta. Duas barbáries totalitárias marcam o século XXI: o fim do comunismo, encerrando de fato o século XX nos anos 1989-1991, e o começo da 3ª Guerra Mundial com o ataque aos EUA pelos fundamentalismos. É o grande espetáculo global da violência demoníaca da identidade absoluta. O ataque aos EUA é um ataque a todas as nações civilizadas do planeta. Todos fomos atacados. Fomos atacados pelo princípio da identidade absoluta, radical, geral, total. A 3ª Guerra Mundial terá características próprias, diversas das anteriores. A declaração de guerra aos EUA é uma declaração de guerra a todo o sistema democrático internacional. A ironia trágica dos recentes acontecimentos é que a violência da indústria cultural americana, tal como os enlatados reproduzem todos os dias pelo mundo há décadas, voltou-se contra si mesma. A estética da violência e do terror encontrou-se com a ética dos fundamentalismos. A violência dá-se como espetáculo na indústria cultural. O cinema americano antecipou a sua própria tragédia. Como disse Adorno na *Dialética do Esclarecimento*, "a quantidade da diversão organizada converte-se na qualidade da crueldade organizada". Parafraseando Adorno, para quem "a mentira não recua diante do trágico", a indústria cultural, ao eliminar o trágico, acaba por realizá-lo debochada e irresponsavelmente no cinema, e o sofre na própria carne pela realização no mundo empírico daquilo que já se encontrava na imaginação doentia dos produtores culturais de massa e dos espectadores-membros dos totalitarismos fundamentalistas. A indústria cultural não é um mal em si, mas vem sendo um mal e torna-se um mal quando pretende reger a sociedade pelo princípio da identidade. A virtualidade contemporânea encontra sua demonstração no mundo empírico. Os efeitos do cinema transformam-se em tragédia real porque os efeitos estéticos não entraram na dimensão ética do trágico. O filme de terror e o terror do filme foram atualizados com as cenas reais em Nova York e Washington. O que está em jogo, dizendo com Adorno, são a liberdade e a verdade. A cultura da morte é a morte da cultura. A cultura da violência é a violência da cultura. Todos somos vítimas e carrascos.

Para finalizar, lembremos dois trechos de Adorno e Horkheimer na *Dialética do Esclarecimento*, escrita durante a 2ª Guerra e publicada em 1947, um do prefácio à nova edição alemã, pouco antes da morte de Adorno em 1969, e outro do ensaio "Indústria Cultural":
"Não nos agarramos sem modificações a tudo o que está dito no livro. Isso seria incompatível com uma teoria que atribui à verdade um núcleo temporal, em vez de opô-la ao movimento histórico como algo de imutável. O livro foi redigido num momento em que já se podia enxergar o fim do terror nacional-socialista. Mas não são poucas as passagens em que a formulação não é mais adequada à realidade atual. (...) No período da grande divisão política em dois blocos colossais, objetivamente compelidos a colidirem um com o outro, o horror continuou. Os conflitos no Terceiro Mundo, o crescimento renovado do totalitarismo não são meros incidentes históricos, assim como tampouco o foi, segundo a *Dialética do Esclarecimento*, o fascismo em sua época. O pensamento crítico, que não se detém nem mesmo diante do progresso, exige hoje que se tome partido pelos últimos resíduos de liberdade ainda existentes a uma humanidade real, ainda que pareçam impotentes em face da grande marcha da história".[8] Ou ainda:
"O mundo inteiro é forçado a passar pelo filtro da indústria cultural. A velha experiência do espectador de cinema que percebe a rua como um prolongamento do filme que acabou de ver, porque este pretende ele próprio reproduzir rigorosamente o mundo da percepção quotidiana, tornou-se a norma da produção. Quan-

---

8   ADORNO, Theodor W.; HORKHEIMER, Max. *Dialética do Esclarecimento*. Trad. Guido Antonio de Almeida. Rio de Janeiro: Jorge Zahar Editor, 1986. p. 9.

to maior a perfeição com que suas técnicas duplicam os objetos empíricos, mais fácil se torna hoje obter a ilusão de que o mundo exterior é o prolongamento sem ruptura do mundo que se descobre no filme. Desde a súbita introdução do filme sonoro, a reprodução mecânica pôs-se ao inteiro serviço desse projeto. A vida não deve mais, tendencialmente, deixar-se distinguir do filme sonoro".[9] Adorno e Horkheimer foram dramaticamente premonitórios.

Podemos afirmar, ainda, que, advertindo sobre os riscos de uma regressão totalitária em certas passagens de Hegel, da justeza, da legitimidade e autenticidade da reivindicação de uma filosofia nacional tal como proposta por Leonardo Prota. Ressalte-se que a sólida e erudita formação católica de Leonardo Prota o imuniza das tentações totalitárias oriundas das diversas ideologias. Preservar o sentido crítico da filosofia, o sentido da não identidade, é afastá-la das tentações da ideologia. Da voracidade ideológica que se afasta da verdade em favor da doutrina.

Passemos agora a examinar alguns aspectos da visão de Leonardo Prota sobre a filosofia francesa, empreendimento sobremaneira louvável, visto que, se há uma teoria da filosofia nacional, se poderá de igual modo pensar numa teoria da filosofia francesa. Leonardo Prota foi capaz de uma extraordinária síntese da história da filosofia francesa moderna e contemporânea associada a uma interpretação crítica dos fundamentos das características distintivas da mesma perante múltiplas filosofias nacionais. A riqueza da universalidade da filosofia faz-se através da riqueza das filosofias nacionais, tese equilibrada e sensata de Prota, em uma demonstração da maturidade e da seriedade das suas reflexões

---

9   *Idem, ibidem.* p. 118.

filosóficas. Algumas chaves interpretativas fundamentais sobre a filosofia francesa encontram-se no livro de Prota, formando um lúcido e esclarecedor painel histórico, contribuindo para um entendimento até então meio que às escondidas por um lado e meio dito por outro. Era preciso dizer mais sobre a filosofia francesa.

Filosofia Francesa Contemporânea como Filosofia Nacional

A fim de não reproduzir por outras palavras aquilo que já se encontra explicitado no livro de Leonardo Prota, permitir-me-ei a somente comentar alguns aspectos selecionados dentre os que considero os mais importantes tomados em meio à ordem determinada por Prota e seus filosofemas sobre a filosofia francesa. São temáticas conceituais da história da filosofia francesa, quase como que invariantes históricas, a começar pelo racionalismo oriundo do pensamento de Descartes e continuado pelos seus desdobramentos propriamente cartesianos e anticartesianos, originando os irracionalismos hodiernos.

Vejamos, pois, alguns destes aspectos.

1. O Sentido Principal: Prevalência do Racionalismo

A partir de Michele Sciacca e seu *Manuale di Storia della Filosofia*, Prota adota a interpretação segundo a qual o cientificismo encontrado na filosofia francesa dá-se como decorrência histórica do racionalismo cartesiano. A dicotomia do *esprit de géométrie* e do *esprit de finesse*, ou a contradição entre ambos, desde o século XVII na pauta da filosofia francesa, poder-se-ia relacionar analogicamente com o anterior momento científico e momento de expressão, conforme definira Adorno. A França, ao invés de manter a contradição no seio mesmo do exercício filosófico, procurou vê-los como excludentes, numa espécie de Querela dos Racionalistas e Intuicionistas, a exemplo da anterior Querela dos Antigos e Modernos. O racionalismo positivista e cientificista acabaria tornando-se um fundamentalismo filosófico, e o irracionalismo um outro fundamentalismo. Ambos em busca da identidade total, da consciência geral e total. A patologia do marxismo como cientificismo absoluto daria o contorno dramático a um pensamento desde as bases marcado pelo totalitarismo. É com propriedade e legitimidade que Prota encaminha a sua reflexão crítica pelo viés do racionalismo enquanto marca distintiva da filosofia francesa.

2. A presença de Pierre Jean Georges Cabanis merece ser destacada em função da ênfase na nacionalidade da cultura, tal como expressa em sua obra maior *Rapports du Physique et du Moral de l'Homme* (1802), combatido por Maine de Biran, quando associa os fatos psíquicos à fisiologia, e as manifestações culturais ao meio natural em mútua implicação. A linguagem é unanimidade desde há muito no que diz respeito à filosofia. Senão, vejamos:

"Se a opinião daqueles que referem a diferença das línguas àquela dos climas fosse solidamente estabelecida, ela fortificaria muito ainda o resultado geral das pesquisas e do exame aos quais nos acabamos de dedicar. Desde Locke havia se suspeitado a influência das línguas sobre as ideias; desde Condillac sabe-se que os progressos do espírito humano dependem em grande parte da perfeição da linguagem própria a cada ciência, e sobretudo a linguagem que é comum a toda uma grande nação. Esse filósofo e alguns de seus discípulos quiseram mesmo reduzir unicamente a línguas bem construídas (*bien faites*) cada ciência em particular e a razão humana em geral. É certo que as línguas mais ou menos bem construídas, em razão das circunstâncias que presidem à sua formação e do caráter dos homens que as criam, parecem rapidamente governar os homens, e por eles fazer nascer ou subjugar as próprias circunstâncias. Foi a linguagem, como dizem as engenhosas fábulas, que outrora reuniu os homens selvagens, acalmou sua ferocidade, construiu cidades e muralhas, fixou-os na cintura destas cidades e no estado de sociedade; em uma palavra, foi a linguagem que lhes deu as leis. O sábio só descobre novas verdades depurando sua linguagem, dando-lhe mais precisão. O sofista só fantasia seus erros deixando ou jogando com arte sentidos indeterminados às palavras que ele emprega. Um povo cuja língua é bem feita deve necessariamente, a longo prazo, desfazer-se de todos os preconceitos, carregar a tocha da razão em todas as questões que o interessam, completar as ciências, engrandecer as artes; ele deve dar bases sólidas à sua liberdade, aumentar quotidianamente seus prazeres e sua felicidade. Um povo cuja língua é malfeita não parece de forma alguma poder transpor certos limites nas ciências e nas artes; ele permanece sobretudo necessariamente muito atrasado com relação ao aperfeiçoamento da sociedade. Se ele quer avançar, é por tateamento que ele o faz, e quase ao acaso. Agitando-se para sacudir o erro, frequentemente ele nada mais faz que se distanciar ainda mais da verdade. (...) Eis aí sobretudo o que fez dos gregos um povo tão superior, quase desde seu nascimento, a todos os outros povos conhecidos de seu tempo".[10]

3. Adesão ao positivismo ou ao racionalismo exacerbado e recusa ou superação do racionalismo exacerbado ou positivismo,

---

10 CABANIS, Pierre Jean Georges. *Rapports du Physique et du Morale de l'Homme*. Paris: Fortin, Masson et Cie. Éditeurs, 1843. p. 412, 413.

vemos como Prota com propriedade examina a questão: "O reducionismo presente à conceituação da religião devida a Durkheim seria outra visão exigente de crítica e superação. Esse reducionismo revelou-se uma das portas de entrada da radicalização subsequente em cuja caracterização nos deteremos logo a seguir. Na verdade, o tipo de saber estruturado pela meditação filosófica francesa na segunda metade do século XIX e primeiras décadas do século XX, calcada no positivismo, longe de se constituir numa abertura de espírito, tornou-se uma nova forma de dogmatismo. Associado à ideia de progresso da humanidade (bem maior a ser perseguido mesmo com o emprego de formas ditatoriais de governo, como pretendiam Comte e Rénan), ensejou uma ulterior radicalização do racionalismo, que estaria destinado a ocupar todos os espaços ao longo de muitas décadas, ensejando também uma reação francamente niilista, conforme procuraremos evidenciar".[11]

A crítica à desumanidade marxista foi sutil e exemplarmente relacionada por Prota com a associação aparentemente bizarra dos comunistas com o estruturalismo, tal como se deu na França e no Brasil. Neste até mesmo se conjugou o verbo marxista associado ao estruturalista e ao niilista. Essa bizarrice, que mistura ciência com ideologia e filosofia, finalmente encontrou em Prota uma interpretação à altura. A eliminação da pessoa humana como sujeito individual encontrava uma justificativa "científica", mais uma além da "ciência marxista", em favor da "estrutura", novo apelido da consciência total, atenuando a consciência de culpa pela conclusão da eliminação física de pessoas, pois que as

---

11 PROTA, Leonardo. *As Filosofias Nacionais e a Questão da Universalidade da Filosofia*. Londrina: Editora UEL, 2000. p. 158.

estruturas valem mais na bolsa de valores do comunismo. Afirma Leonardo Prota: "Passou à história com o nome de *estruturalismo* o movimento filosófico que durou grande parte do século XX, praticamente circunscrito à França. Suas bases foram lançadas sobretudo por continuadores da obra de Durkheim, isto é, sociólogos e antropólogos. Na medida em que se estendeu o âmbito de aplicação do chamado 'método sociológico', devido a Durkheim, aqueles pesquisadores entenderam haver encontrado muitas semelhanças nos diversos campos de investigação da vida social e, sem atentar para as requeridas exigências filosóficas, supuseram que eram passíveis de generalização. Assim, esvaziam a sociedade de toda dimensão valorativa e postularam a identificação da filosofia com a ciência. Graças a tal procedimento, estariam habilitados a enterrar de vez toda forma de idealismo e invenções tais como a 'pessoa humana'. O homem é enquadrado por todos os lados e tudo se explicaria a partir das *estruturas*. Haveria formas estruturais equivalentes desde a língua, às modalidades de organização da sociedade e mesmo ao comportamento dos indivíduos. Durante algumas décadas correram paralelos a *vulgata marxista*, antes caracterizada, e o *estruturalismo*".[12]

Todo esse racionalismo quase que doentio acaba desembocando no niilismo, conforme Prota explicita, levando a cultura francesa ao que chama de "verdadeiro círculo de ferro", que alterna o racionalismo radical e exacerbado, a exemplo do positivismo, estruturalismo e marxismo – na verdade três expressões de uma mesma vocação – com o niilismo, produto, segundo ele, da "difusão do ateísmo, a negação do mistério e a falta de compre-

---

12 *Idem, ibidem,* p. 164.

ensão de que a dimensão religiosa é uma parte insubstituível da pessoa humana".[13]

Assim, os irracionalismos são o produto direto do racionalismo exacerbado. Os irracionalismos convertem a filosofia numa atividade subjetivista e privada, em um idioleto quase psicótico em que a razão atua contra si mesma, e nos vemos obrigados qual um escafandrista a mergulhar no ego vaidoso de cada filósofo para tentar extrair algo que valha para a realidade objetiva e para a objetividade da filosofia. Cada qual fundando o seu alfabeto todos somos analfabetos, principalmente o público da filosofia. Walter Benjamin um dia referiu-se ao caráter cafetão da linguagem filosófica.

4. Finalmente, mencionaria o chamado "racionalismo equilibrado", o qual Prota considera como autêntico específico na filosofia francesa desde a época moderna. Esta tendência conciliaria as tradições humanista e racionalista, incluindo a religião como uma legítima atividade humana que tempera a ação humana subordinando-o a Deus através de Jesus Cristo, ou pelo menos defensora dos valores cristãos. Ressalte-se a importância dada a Raymond Aron, autor patrulhado pela esquerda marxista, ateia, estruturalista e niilista, e Paul Ricoeur, membro correspondente da Academia Brasileira de Filosofia, cuja monumental obra ainda resta por ser melhor assimilada no Brasil. Em conclusão, portanto, pode-se considerar exitosa a tarefa imposta a si mesmo por Leonardo Prota, abrindo várias vertentes de pesquisa e alguns alertas que servirão para preventivamente afastarmos todos os fantasmas totalitários existentes na filosofia e, logo, na filosofia brasileira.

---

13   *Idem, ibidem*, p. 176.

ESTÉTICA DO FUTEBOL

Introdução

O futebol é um jogo praticado com o pé e que tem na relação criativa com a bola o maior desafio de caráter técnico. Estas singelas observações estão longe de serem banais em suas consequências. Vôlei e basquete são praticados com a mão. Esses três desportos têm em comum o fato de serem praticados com uma bola e sem a mediação de instrumentos, como o tênis, o golfe, o hóquei etc., e, por outro lado, por estarem entre os mais populares, com o destaque mundial absoluto para o futebol.

O fato de ser praticado com o pé, destoando da maioria dos outros jogos com bola, determina uma singularidade do futebol que possivelmente explique o sucesso de público em todo o mundo, trazendo desenvolvimento econômico-financeiro para as sociedades que o praticam com habilidade, esperança para muitos alcançarem *status* social e investimentos empresariais profundos. A bola correndo no chão encerra muito mais mistérios e possibilidades criativas que os demais jogos. O percentual de acasos, criações, emoções, sutilezas, formas e mistérios torna o futebol a imagem mesma do esporte global.

Essas observações iniciais nos remetem ao fato de na verdade estarmos diante da contradição entre jogos com a mão e jogos com o pé, e mesmo a contradição da habilidade com a mão e da habilidade com o pé. A mão é o instrumento da civilização. A mão é hábil por excelência. Toda sensibilidade cultural, erótica e técnica tem na mão o seu instrumento por excelência. A habilidade criadora da humanidade tem na mão o instrumento da pintura, da música, da escultura, do desenho, do teatro, do cinema, da literatura, da ciência, da filosofia, das técnicas e da tecnologia etc. A mão é expressiva por si mesma. A mão é uma espécie de rosto da pessoa singular e da própria humanidade. Entretanto, no que concerne ao desporto, a mão é inferior, menos hábil, menos criativa, enquanto o pé é superior, hábil, sensível e criativo. Sendo o pé muito mais forte do que a mão, o chute com o pé alcança muito mais potência, e esse dado altera a relação do ser humano com a bola, oferecendo outras alternativas de passe ou de chute a gol. Com a bola o pé mostrou-se muito mais versátil, à medida também que o espaço físico do campo é necessariamente maior as possibilidades de *desenho* no campo abrem chances de *formas* diferenciadas.

Curiosamente, o pé é diretamente erótico pela sua localização na metade inferior do corpo. A mão é racional, mas o pé é diretamente instintivo. A metade inferior do corpo é substantivamente mais instintiva e menos espiritual. Nas artes marciais vê-se como o chute desmoraliza mais do que o soco, e um pontapé proporciona um nocaute muito mais perigoso. É a metade que corresponde ao genital e às nádegas passando pelas pernas até o pé. A eroticidade da mão deve-se à sua destreza, à sua relação direta com a inteligência humana, com a sua natural disposição tátil e sensível. Na metade superior está também o cérebro, indicando uma superioridade axiológica sobre a metade inferior.

O pé se apoia no chão, automaticamente sendo associado à sujeira e ao vil. É possível que o lado instintivo do futebol atue no inconsciente coletivo da humanidade. A luta pela posse de bola no enfrentamento direto com o adversário dá ao futebol um caráter agonístico temperado com o lúdico, em uma contradição bastante equilibrada, remetendo o futebol à sua dimensão civilizatória.

Por outro lado, a presença do pé é uma invariante na cultura brasileira, indo do futebol ao samba, passando pela capoeira (luta criada pelos escravos negros no Brasil e hoje difundida internacionalmente) e pelas artes marciais coreanas, japonesas e chinesas que foram bem assimiladas no Brasil. Essa ludicidade por vezes tão exageradamente acentuada na cultura brasileira é uma característica fundamental para o entendimento crítico das suas criações.

No caso do futebol são inúmeras as referências ao belo no jogo: a beleza do jogo e o jogo da beleza. A estética do futebol vai da beleza do gol à beleza da comemoração do gol pelo público e pelo jogador, a beleza da jogada que nada mais é que formatividade com a bola e com os companheiros de equipe. Até mesmo as coreografias dos jogadores após a marcação do gol, quanto aquelas dos torcedores nas arquibancadas. A articulação interna dos jogadores em campo, com a troca de passes *formando* com a bola percursos visuais, dá a ideia de um todo orgânico, uma espécie de eu coletivo e comunitário, que se torna uma *forma*, e contribui para o belo jogo. O artista e o jogador vivem seriamente da ludicidade de suas atividades, guardadas as diferenças. Ambos criam se divertindo, divertem-se criando e trabalham com a alegria intrínseca à criação. A criação artística e a criação desportiva têm em comum o conceito de trabalho como expressão do lúdico. Contudo, a condição competitiva do desporto tende a reprimir o lúdico.

Propomos inicialmente somente duas abordagens conexas para um entendimento crítico da estética do futebol: 1ª) da forma inusitada de pensar o futebol; 2ª) da formatividade do futebol.

Da Forma Inusitada de Pensar o Futebol

As tentativas de "*Estética do Futebol*" remetem ao projeto de uma filosofia do esporte a partir de realidades universais que encontraram leito na cultura do esporte brasileiro. O futebol na cultura brasileira sempre determinou o surgimento de *intelectuais do futebol*.

O futebol no Brasil é o único esporte capaz de gerar uma participação ampla de intelectuais, especialistas e comentaristas em geral engendrando debates, teorizações, polêmicas etc., com uma confirmada sofisticação argumentativa. Desperta a paixão em filósofos, antropólogos, sociólogos, estudiosos das mais diferentes ciências, professores, estudantes. O Brasil pode não ser o único, mas talvez seja um dos países que mais revelam *pensadores do futebol*, teóricos sofisticados que adotaram o futebol como um objeto digno de reflexão conceitual e crítica.

A porta de acesso à cultura brasileira em seus traços mais coletivos dá-se em muito pela percepção correta da prática do futebol. A seriedade com a qual se discute futebol indica pontos de interpretação dos modos de ser do povo brasileiro. Uma interpretação sensível e inteligente do Brasil passa pela interpretação ativa do futebol brasileiro. Vale concluir: interpretar o futebol brasileiro é interpretar o Brasil, e vice-versa. O dispositivo crítico desencadeado a partir do futebol serve de elemento crítico para se pensar o Brasil. Pensar o futebol brasileiro é pensar o Brasil. Pensa-se criticamente o futebol e o Brasil por extensão.

O futebol é um fator social para o desenvolvimento e o fortalecimento do Estado de Direito Democrático no Brasil. A liberdade de crítica, a liberdade de expressão e opinião, o senso de humor, a sensibilidade, a inteligência, a disciplina tática, a ética do esporte com o respeito às regras, a transparência dos princípios e regras, a punição imediata dos infratores, a desenvoltura argumentativa associada aos valores expressos nos comentários e debates de futebol acabam por funcionar como paradigma para as atividades políticas, econômicas, sociais e culturais.

Como fenômeno de massa, o futebol em seus desdobramentos críticos é antes um fator de conscientização que de alienação, apesar dos permanentes riscos de regressão derivados dos fatores econômico-financeiros envolvidos e das formas sociais patológicas de investimento emocional e instintivo. Como fenômeno social, o futebol encerra em sua interioridade elementos da vida econômica, política, religiosa e cultural de um povo, e em consequência das suas virtudes, da sua complexidade e das suas tendências regressivas, o futebol enseja uma extensão *sui generis* de visão no seio das sociedades contemporâneas. Dada a sua penetração universal, é lícito imaginar uma extraordinária capilaridade social nos próximos séculos.

Da Formatividade

Segundo Luigi Pareyson, "*todos os aspectos da operatividade humana, desde os mais simples aos mais articulados, têm um caráter ineliminável e essencial de formatividade. As atividades humanas não podem ser exercidas a não ser concretizando-se em operações, isto é, em movimentos destinados a culminar em obras. Mas só fazendo-se forma é que a obra chega a ser tal (...). Nenhuma atividade é operar se não for também formar, e não há obra acabada que não seja forma. Toda operação implica antes de mais nada um "fazer". Não se opera a não ser executando, produzindo e realizando"* (p. 20).

Se toda atividade é um formar em obra, não menos verdadeira é a procura do belo em toda e qualquer atividade humana. E para cada qual há uma busca de um belo adequado e conforme às exigências intrínsecas à atividade enquanto tal. Procura-se realizar "obras bem feitas", "bem-sucedidas", "belas obras". Um mecânico de automóvel após a reparação dirá que "o carro está uma beleza", ou qualquer outro operário em sua respectiva atividade. No futebol diz-se "uma bela jogada", "uma linda jogada", "um belo gol", "um belo passe", "um bonito toque", e muitas outras referências estéticas. O futebol é um espetáculo, o público torcedor é espectador. O futebol destina-se à contemplação, daí a sua ineluitável característica visual, onde só aí pode ser capturada a forma da jogada. A transmissão radiofônica não dá conta da riqueza das formas das jogadas, procurando o radialista suprir as deficiências pela eloquência criativa personalizada. As formas da eloquência radiofônica dão a pessoalidade criativa compensatória à ausência do olhar direto. As formas da eloquência são a representação criativa do jogo pelo locutor-artista. A transmissão torna-se representação. A transmissão é um *ersatz*, uma substituição do belo do jogo pelo belo da representação eloquente. A voz torna-se o palco do lúdico. O locutor joga com a voz.

Assim, se o futebol destina-se à contemplação, o seu caráter de *contemplabilidade* exige *beleza*, pois igualmente a *forma* exige contemplabilidade. Essa beleza percebida na contemplação favorece o "juízo de gosto" ("juízo de jogo"), tal como nas obras de arte. Quantas vezes "uma jogada de mestre" não é citada como "obra de arte", "uma pintura". Na Copa de 1998, na França, a Rede Globo brasileira literalmente selecionava "pinturas de gols", elaborando "quadros" pelo computador gráfico, expondo na sua "galeria de arte". O futebol é uma "arte plástica" do esporte. O jogador-artista desenha, esculpe e pinta jogadas e gols.

Em filosofia é comum nos referirmos a duas tendências da estética: a estética objetiva, que vê o belo nos caracteres do objeto, e a estética subjetiva, em que o belo é interior ao sujeito. Que é o belo no futebol? É possível se fazer um gol feio, ou um gol qualquer, e a eficiência foi cumprida, mas também é possível não se fazer o gol sendo a jogada linda, e a eficiência não foi cumprida. Logo, o belo não é o eficiente, nem o eficiente é o belo. Porém, quem ganha jogo é a eficiência. Paradoxalmente, tanto mais eficiente quanto mais belo o jogo. O Brasil sagrou-se como a maior potência do futebol mundial no século XX jogando o futebol-arte, logo, este não é adversário nem muito menos inimigo da competição, da eficiência e dos resultados positivos. O ideal do futebol é a associação do belo com a eficiência. São também comuns no Brasil as disputas e votações relativas ao "gol mais bonito", ou ao "mais belo gol", onde são proferidos juízos estéticos para justificar essa ou aquela opinião. Caberia a pergunta: onde a objetividade e a subjetividade do belo gol? A beleza do gol é intrínseca ao gol ou intrínseca ao conceito de belo derivado do gosto do comentarista ou do espectador? Onde está o belo no futebol? O que é o belo no futebol, perguntaria Platão em um hipotético *Hipias Maior* da modernidade? O belo futebolístico é objeto de controvérsias e de conflitos de argumentação em defesa do juízo emitido. Gol é forma. A forma-gol é "desenhada" pelo campo até transformar-se numa "pintura", com todos os acasos e imprevistos inerentes à criação futebolística. O acaso que contraria as intenções do jogador não desempenha um papel extraordinário no mistério do futebol? Não é do acaso que muitas vezes se muda a história de um jogo? A reação diante do acaso às vezes previsível dá uma tonalidade do novo e do *déjà vu* simultaneamente. Assim, qual a função do inconsciente no futebol? Como o inconsciente atua no jogador? Os mais criativos e goleadores não serão aqueles com menos medo do desconhecido, mais íntimos do seu inconsciente? A capacidade de antecipação ou de visão premonitória do jogador não é produto da experiência associada ao desconhecido apontado pelo inconsciente? Dos gênios do futebol pode-se dizer que eles não procuram o gol, mas, sim, este que os procura. Deste modo, pois, uma jogada é um espetáculo visual, plástico, teatral. Os jogadores também são atores, representam, inventam, dissimulam, choram, reclamam, gesticulam, ameaçam e dançam em campo. Concedem entrevistas, são estrelas sociais, qualquer fútil declaração ou frase despretensiosa já se torna manchete de jornais e televisões. Nisso eles dividem a cena pública com os políticos e os artistas de televisão.

    A busca do belo acontece também na torcida dentro dos estádios. A torcida é um espetáculo. A Copa de 1998 marcou definitivamente a torcida como um espetáculo à parte. A festa dos torcedores, o festival de cores, os corpos pintados, as faixas, as bandeiras, as camisas, as roupas em geral, as invenções teatrais das torcidas e outras manifestações como a abertura e o encerramento atingiram o mais alto ponto das tendências internacionais há muito presentes nas torcidas de clubes. A torcida é uma *forma* autônoma. A violência no campo ou na torcida é a antítese do belo, ou o feio. O feio é a negação da paz e a violência é a negação da justiça. A paz é condição do belo, ainda que o belo não seja condição da paz. O juiz ou árbitro é envolvido pela onda estética, e o seu universo gestualístico busca o belo gesto, o gesto seguro, a justa marcação, que numa linguagem platônica significa dizer uma boa marcação ou uma bela marcação. O jogo bem apitado é um jogo limpo, belo, justo. O árbitro é uma estrela à parte na *estética do futebol*. No Brasil o termo *belo* vem sendo empregado inclusive até nas contratações de profissionais, com expressões do tipo "uma bela contratação", "é um belo jogador", com "um belo salário", "belas luvas", tudo visando a "belas vitórias" e "belos gols".

No Rio de Janeiro temos a sede do mais popular clube de futebol do Brasil, o *Flamengo*. E há um fato curioso envolvendo este histórico clube, já campeão do mundo. Em 1995, o Flamengo fez a mais milionária contratação do futebol brasileiro para comemorar o ano do seu centenário com o chamado "ataque dos sonhos". Tratava-se de um "belo ataque", com os três atacantes mais famosos do Brasil: Romário, Edmundo e Sávio. Porém, transformou-se em um "belo desastre". Antes da efetiva participação dos três atacantes, eu me perguntava premonitoriamente se não se tratava de um "ataque fantasia", em função de uma inserção forçada de modo exógeno, e não de uma real necessidade confirmada a partir da realidade endógena. O desempenho do Flamengo no ano do centenário confirmou as minhas suspeitas, não tendo sido possível ganhar nenhum título naquele ano e o "ataque dos sonhos" foi desfeito sem jamais ter obtido qualquer título, causando prejuízos irreparáveis.

O exemplo acima demonstra que se faz necessária a construção de um *Eu* coletivo, comunitário, solidário, funcionando como um *centro* para o qual tendem todas as ações, de modo centrípeto. Ora, a mera associação de *estrelas* do futebol não garante em absoluto o êxito esperado, pois, como no acaso acima, significa somente aglomerar centrifugamente o *eu individual* de cada jogador sem chegar a constituir um *eu coletivo a partir do eu de cada um em particular.*

O estádio é uma arena teatral. Nela, entretanto, os atores do futebol procuram desempenhar os seus papéis a partir da expressão dos próprios egos. Tudo em campo e fora dele é forma. "Belo" é ganhar, mas é preferível ganhar "bonito", isto é, de modo convincente, com arte, e de preferência por boa margem de gols. Pode-se "perder feio" – expressão idiomática que designa a derrota por uma forte diferença de gols – mas também se pode "perder bonito" – expressão idiomática que também significa perder por muita diferença. Entretanto, na verdade quem de fato jogou bonito foi o vencedor, e perder nunca é belo. O caráter de espetáculo do futebol transforma o estádio numa arena verdadeiramente mundial. E esse fato certamente alcança a vaidade dos jogadores e infla o ego de todos.

A dicotomia futebol-arte e futebol-competição, futebol-força ou futebol-de-resultados é falsa, pois o objetivo deve ser buscar resultados pela prática do futebol-arte, que pelas suas próprias características foi o que melhor resultado trouxe para o futebol brasileiro, 1º do mundo no século XX. O *bom* futebol é o *belo* futebol. Esse o futebol de resultados. O belo futebol é o mais criativo, o que é capaz de superar qualquer administração tática, auxiliado por uma *bela* preparação física. Toda atividade humana dispensa especial atenção à *arte* do fazer, do *como* fazer, do fazer *bem* feito, belamente feito. Toda atividade humana dispõe de um espaço "artístico" no seio da operação, em meio ao fato operativo. A importância da força do jogador é relativa, ainda que a força seja indispensável. Porém, o futebol não é uma disputa fundada somente na força, que lhe deve ser intrínseca, mas, sobretudo, na habilidade e na criatividade futebolística. A lógica da força não torna o futebol mais competitivo e nem é a que apresenta os melhores resultados. Força é *a priori* da boa condição física, que tornará a jogada, a forma de jogar, como se fosse natural. Futebol não é exibição de força, mas exibição da criatividade com a bola. E esta criatividade não pode ser confundida com o excesso de dribles desnecessários ou exibições improdutivas, mas, sobretudo, na *economia de meios*.

Tanto como na obra de arte, a jogada do futebol-arte é produto da livre iniciativa pessoal dentro das determinações do conjunto e de seu modelo. O fator pessoal se associa ao fator grupal. A jogada pessoal é a assinatura do jogador-autor. A jogada é a obra; o jogador, o artista. O jogador é o autor da forma jogada, da forma-jogada.

Segundo Pareyson, "toda operação humana é sempre ou *especulativa* ou *prática* ou *formativa*, mas seja qual for a sua especificação, é sempre ao mesmo tempo tanto pensamento como moralidade *e* formatividade. Uma operação não se determina a não ser especificando uma atividade entre as outras, mas não se pode fazê-lo a não ser concentrando em si todas as outras *simultane-*

amente. Em toda operação existe ao mesmo tempo especificação de uma atividade e concentração de todas as atividades: esta é a estrutura do operar, em que a especificação e a concentração vão *pari passu* de tal sorte que uma não pode andar sem a outra" (p. 24). Nesse sentido há uma *estética do futebol como formatividade* enquanto atividade prática principal, pois que visa formar a jogada, dar forma até a forma-gol, finalidade última de todas as formas, mas que é simultaneamente causa e efeito de um *pensamento do futebol como especulatividade*, e condicionado igualmente por uma *moralidade do futebol* como prática submetida a regras definidas a partir dos pontos de vista de sua própria concepção lúdica e da *eticidade* dela decorrente.

Sem ser garantia de vitória, mas condição de vitória, a expressão da vontade pessoal vem nomeada pela palavra "determinação", exaustivamente repetida por todos os jogadores como a senha para os bons resultados. Ela indica a insubstituibilidade da ação da pessoa que é responsável pelos seus atos e pelo seu futuro. A pessoa determinada *é* determinada pessoa. O caráter irrevogavelmente singular da pessoa determina a singularidade do desempenho no futebol.

Se Pareyson diz que o conteúdo da obra de arte é o artista, poderíamos analogicamente dizer que o conteúdo do futebol é o jogador. O estilo é a marca indelével da pessoalidade de um e de outro. O estilo do jogador é a sua *forma* de apresentação pessoal, a sua *expressão* pessoal. Forma e expressão estão conjugadas na pessoalidade do jogador. O jogador exprime pela jogada a sua *forma de jogar*, o seu estilo. A forma de jogar é expressão da emoção do jogar. A emoção é formativa. A emoção desencadeia formas de expressão do jogar. Tanto auxilia na derrota como na vitória. O Brasil perde a final da Copa de 1950 no Rio com a emoção favorável da torcida, e perde a final na Copa de 1998 em Paris com a emoção desfavorável da torcida. Perdeu como dono da casa em 1950 e perdeu para o dono da casa em 1998.

O técnico está para o jogador assim como o diretor está para o ator. O jogador no palco do campo *vive* o seu próprio papel, sua própria *persona*. A espiritualidade do jogador é o seu estilo "como modo de formar". Ninguém joga sem emoção nem sentimento. A bola é o canal da expressão criativa do jogador-artista, da habilidade quase circense. A jogada é uma metáfora lúdica do modo de encarar o mundo, dominá-lo, experimentá-lo e vivê-lo em sua plenitude. A formatividade da jogada é a imagem lúdica do desempenho no mundo. Sucesso e fracasso são vividos de modo realista, em um pêndulo que é metáfora da vida humana. A estética da jogada é a imagem cifrada da estratégia de sobrevivência no mundo. Fazer a jogada é como que procurar garantir a sua própria sobrevivência através da linguagem metafórica do jogo. Daí vermos a malandragem, a esperteza, a sonsice, a catimba etc.

Assim sendo, o futebol torna-se a metáfora mesma da vida. Daí talvez uma das razões do seu sucesso internacional. Quanto ao estilo, diz-se que certos jogadores têm *classe*, são os craques, jogam um futebol *clássico*, bonito, sem muitos adornos. Há toda uma hierarquia indo do *gênio* ao pé-de-boi, passando pelo supercraque e o craque e outros matizes. O conceito de gênio foi tomado diretamente da filosofia estética, onde no século XVIII se tornara moeda corrente dos debates literários e filosóficos. Em Schopenhauer todo artista gênio tangencia a loucura. A imaginação criadora necessita de um certo delírio para superar o lugar comum. O jogador genial surpreende por romper com o lugar comum quando se espera o contrário, e por romper com o incomum quando dele se espera o contrário. Faz o simples quando se espera o complicado, e faz o complicado quando se espera o simples. Na concepção schopenhaueriana, o gênio é detentor de uma sobre-energia psíquica e física que o faz diferente dos demais. O jogador genial confirma também essa concepção. O superdotado, regra geral, tem um comportamento não conformista, singular, irritadiço, rebelde, verborrágico, entre outras características que podem ser isoladas ou associadas algumas ou todas ao mesmo tempo.

A escola de futebol é uma espécie de escola de arte que ajuda no desenvolvimento do dom. Por ser inato, só precisa de orientação técnica e transmissão da sabedoria criativa da experiência. Tal como na arte, são necessários o exercício, a repetição, o ensaio (jogada ensaiada) e a brincadeira exaustivamente praticados. É dessa prática que surgem o acerto, a diferença, o êxito, a beleza, o novo, a satisfação ou o prazer. A decadência técnica do jogador jovem dá-se quando o ego inchado pela vaidade informa-o que ele não precisa mais treinar fundamentos, tática, exercícios etc., pois ele já sabe tudo. A vaidade é o maior adversário do jogador de futebol. A vaidade é carregada dentro e fora de campo. A vaidade é um obstáculo ao perfil coletivo do jogo. A ênfase na vitória do time deve dominar a mentalidade do jogador. Axiologicamente a vitória é um valor superior ao lance genial e individual. Este só ganha relevo se o time for vitorioso. Ninguém gosta de recordar derrotados. Até o fim da carreira o jogador precisará treinar fundamentos, fazer exercícios, cumprir táticas etc., como qualquer artista, pois estamos sempre voltando ao mais simples, e deste novamente ao mais complexo.

Do mesmo modo que na arte, o futebol conta com a *intencionalidade* do ato e com o *acaso* por ele produzido. O *acaso* é a exceção, mas a *intencionalidade* é a regra. A *intenção da mente* deve procurar fazer coincidir a *batida do pé*. A *intencionalidade* é uma *finalidade* determinada. Isso o separa da arte, que não tem uma finalidade definida. Tudo o mais é o acaso. Estatisticamente há uma soma considerável de acasos em uma partida. O passe nem sempre respeita a intenção. Diminuir a margem de acasos ou erros de passe, mesmo que contrariando uma intenção anterior, é fundamental e *conditio sine qua non* do êxito. A presença de espírito e a colocação premonitória do jogador são indispensáveis para o gol e as jogadas em geral.

Em Pareyson, "formar significa, antes de mais nada, 'fazer', *poiein* em grego. É preciso, sobretudo, recordar que o 'fazer' é verdadeiramente um 'formar' somente quando não se limita a executar algo já idealizado ou realizar um projeto já estabelecido ou a aplicar uma técnica já predisposta ou a submeter-se a regras já fixadas, mas no próprio curso da operação inventa o *modus operandi*, e define a *regra* da obra enquanto a realiza, concebe executando, e projeta no próprio ato que realiza. Formar, portanto, significa 'fazer', mas um fazer tal que, ao fazer, ao mesmo tempo *inventa o modo de fazer*. Trata-se de fazer sem que o modo de fazer esteja de antemão determinado e imposto, de sorte que bastaria aplicá-lo para fazer bem: é mister encontrá-lo fazendo, e só fazendo se pode chegar a descobri-lo" (p. 59). O desenrolar do jogo como forma atesta essa verdade.

Assim, continua Pareyson, "o formar é essencialmente um tentar", e nisso o futebol é uma permanente tentativa de formar jogadas, e isso é característico da nossa condição, em que "o homem não encontra sem procurar, e não pode procurar a não ser tentando, mas, ao tentar, figura e inventa, de modo que *encontra*, de certo modo já fora, propriamente, *inventado*" (p. 61). Se o futebol é esporte coletivo, ele também o é individual. É dessa contradição dialética entre o individual e o coletivo que ele deve partir. As qualidades individuais são realçadas pelo coletivo, e este pelas qualidades individuais. A alta capacidade criativa deve ser estimulada e não condenada ou desprestigiada. A individualidade criativa é um bem ao todo, e só nesse sentido deve ser entendida. Se o individual for eliminado tudo será eliminado. O jogador é o inventor da jogada como forma, mas ele não a inventa somente para si, ou não deveria, porém para o time sair vitorioso. A bela jogada deve contribuir *utilmente* para o gol, objetivo único e máximo do jogo. O futebol não é autotélico como a arte, mas heterotélico. Sua finalidade é definida pelo objetivo do gol. Esse o dado objetivo do futebol. Futebol é gol. Tudo o mais deve a isso ser subordinado. O jogador se expressa não verbalmente pela *linguagem objetiva* do futebol. Futebol é objetividade. O excesso de dribles somente para exibição da vaidade do jogador pode impressionar, mas não tem nenhuma utilidade. A pragmática do futebol deve voltar-se contra requintes inobjetivos. Entretanto, o ser do jogador torna-se jogada, a sua artesania formativa é exercida na criação da jogada. Ele joga inventando o modo de jogar, só pode inventar jogando e treinando. Há de se ter cuidado especial com esse *desenho* para que a vaidade narcísica não se sobreponha ao objetivo fundamental do jogo.

Analogicamente à arte, há o *presságio da descoberta* da forma-jogada, quando se tenta já se tenta vislumbrando o vir-a-ser, o que está por vir, o que *pode* vir-a-ser. São possibilidades em aberto. Aí podemos aplicar o conceito estético de *insight* ou *intuição*. Do gol e da jogada. Não se diz que os goleadores têm o faro do gol, não sentem o cheiro do gol? Ao esperar a cobrança de um escanteio, observamos a mudança na expressão facial do jogador que sente que é a sua chance, sentiu a premonição do gol ou a sua quase possibilidade. A expressão não verbal do jogador indica uma excitação especial, uma vibração especial derivada da condição emocional. Esta é completada após o gol com a comemoração delirante. A coreografia tem até dedicatória ao filho etc. A comemoração teatral dos gols tem sido uma marca registrada do Brasil que dominou o mundo. Ironicamente, na final da Copa de 1998 fomos vítimas da nossa própria criação. É falso o dilema entre o futebol-força ou futebol-competição e o futebol-arte. Tanto mais exercido com "arte" melhor servirá à "competição". Futebol é competição, não resta a menor dúvida. Portanto, para melhor exercer a competição, que desenvolva a "arte". Há uma *economia do futebol* que não é de forma alguma incompatível com a *estética do futebol*. Ambas são amigas. A estética do futebol é contrária ao excesso dispendioso de firulas inobjetivas. Como reclamação, os companheiros de equipe exclamam: "não inventa!". Esse tipo é a chamada invencionice, e não a verdadeira invenção amiga da objetividade. A criação futebolística deve conciliar-se com o caráter econômico, objetivo e finalístico da jogada.

Em analogia com a obra de arte, a jogada é uma obra que se faz por si mesma e ao mesmo tempo exige a sua execução, a sua atualização – tornar ato. Intuitivamente o jogador sabe que é por ali que deve tentar, e o fracasso da jogada é inerente ao processo do jogo, pois o outro jogador também exerce as suas capacidades criativas. Força, habilidade, experiência e resistência são instrumentos para o exercício pleno dos objetivos do futebol, e não fins em si mesmos. O que Pareyson chama de "fértil expectativa" do *insight* ou da intuição, em que o artista espera expectando a chegada da intuição, poder-se-ia analogicamente observar em relação ao jogador que aguarda o seu momento. Esse fenômeno é mais observável nos atacantes, que muitas vezes têm esses traços muito acentuados e por vezes são chamados de preguiçosos ou ausentes do jogo. Entretanto, é pela ausência que são presença. Ou melhor, é pela dissimulação da presença que atuam. É uma forma paradoxal de participação. O termo usado é "fingir-se de morto". Essa encenação teatral estratégica pode ser entendida como um comportamento criativo que *expecta* a chegada do *insight* em função do desenrolar do jogo. É impróprio, pois, dizer-se que o jogador *não fez nada, mas fez o gol*. O gol é tudo. Quem faz gol faz tudo. Fez o gol porque "não fazia nada". Esse "fazia nada" é um fazer, o que chamaria filosoficamente de um *fazer negativo*. O técnico deve saber distinguir o jogador que *faz nada* daquele que *nada faz*. O fazer nada é um fazer, ainda que negativo. É o ato pelo seu contrário. O jogador plasma a sua jogada, não importa como plasma, desde que plasme com eficiência, criatividade e objetividade, servindo ao gol.

O desprezo pelo treino, pelo exercício físico, pelo exercício tático e demais atividades que muitos craques erroneamente consideram típicos de jogadores ainda não afirmados, com conta bancária pequena e ainda não famosos nacional e internacionalmente. Aí começa a decadência. Esta começa na vaidade, na autossuficiência, na vanglória e na soberba. Disse Pareyson: "Tem o exercício, certamente, um aspecto paradoxal, porque é um fazer que não consegue ainda verdadeiramente 'fazer', é elaboração de matéria em que a matéria não é ainda, propriamente, artística; é exercício de estilo, em que o estilo não consegue ainda ser, imperiosamente, modo de formar" (p. 84). Sem o exercício, entretanto, o estilo não será. No futebol, guardadas as diferenças, dá-se o mesmo. Sem o treino o jogador não fará, pois só fará o que treinou, e só poderá surpreender ultrapassando o comum se fizer também o comum. Só ultrapassará o treino se treinar. É fazendo o conhecido que fará o desconhecido.

Outrossim, Pareyson destaca a improvisação artística, que analogicamente poderemos aplicar na estética do futebol. Dirá Pareyson quanto à improvisação: "Entende-se que o traço mais saliente da imaginação de todo tipo seja a sua extemporaneidade que, se por um lado a expõe ao risco do lugar comum e da batida convencionalidade, por outro pode aguçar-lhe a capacidade produtiva e a intrínseca fertilidade. O improvisador deve colocar-se em condição de enfrentar qualquer eventualidade com aquela presença de espírito, aquela tempestividade e cálculo rápido que seu trabalho exige, é obrigado a renunciar de saída ao propósito de *querer prever* ou *prevenir* de algum modo o imprevisto. Pelo contrário, deve desde o início dispor-se a 'aceitá-lo' justamente para não ter que sofrê-lo, deixá-lo entrar em seu jogo justamente para não ser por ele surpreendido, assumir-lhes as consequências justamente para não perder a iniciativa" (p. 85). Mais adiante, afirma Pareyson, que "o improvisador está pronto a transformar toda circunstância em ocasião, todo acidente em possibilidade" etc. Vemos, então, com relação ao futebol, que o jogador-improvisador deve ter uma postura idêntica, aproximada desta que se apresenta ao artista.

De modo análogo, há uma "inspiração", com um *ímpeto irresistível e veemente*, no dizer pareysoniano. Poderíamos, a exemplo da poesia e da arte, mencionar o entusiasmo radical, a *mania* ou *delírio & loucura poética*, o *furor poeticus*, que denominaríamos *furor futebolisticus*, uma poética do futebol. Esse o lado dionisíaco da cultura futebolística. Há um *transe* em campo e fora dele. Mal direcionado, esse transe de massa pode gerar a violência nas arquibancadas. Bem direcionado, gera a beleza das torcidas coloridas, criativas e civilizadas.

Finalizando, esperamos tão somente indicar alguns pontos de estudo sujeitos a futuros aprofundamentos para uma estética do futebol. Essas indicações formam uma pequena pauta que servirá de ponto de partida para novas e mais detalhadas pesquisas no campo da filosofia do desporto. *Estética do Futebol* dá início ao esboço de uma filosofia do esporte organicamente vinculada à cultura brasileira. De 1995, após a criação do termo em uma conferência por mim proferida na Universidade do Estado do Rio de Janeiro, *estética do futebol* passou a integrar o vocabulário da imprensa e até mesmo dando título a uma exposição de pinturas futebolísticas do artista plástico Rubens Gerchman, em 1998, com ampla repercussão nos meios de comunicação de massa.

As referências bibliográficas remetem ao livro de Luigi Pareyson, *Estética – Teoria da Formatividade*. Petrópolis: Editora Vozes, 1993, tradução de Ephraim Ferreira Alves, na coleção Estética Universal, dirigida por João Ricardo Moderno.

ATUALIDADE NEGATIVA DE ADORNO
NOTAS PARATÁTICAS SOBRE PARALIPOMENA E INTRODUÇÃO PRIMEIRA

A homenagem a Theodor W. Adorno por ocasião do 1º centenário de nascimento nos concede a ocasião de uma avaliação crítica da atualidade negativa da *Teoria Estética*, contemporânea e complementar da *Dialética Negativa*, transcorridos 34 anos de seu falecimento próximo a Zermatt, em 1969. Atualidade negativa na verdade é uma afirmação, mais que um título interrogativo ou que suspeita da criticidade estético-adorniana nos dias atuais. Já responde à indagação se a estética de Adorno hoje ainda preserva as qualidades negativas indispensáveis à Teoria Crítica. Esta atualidade negativa refere-se de fato à atualidade da parataxe como estratégia filosófica no plano do discurso em oposição crítica ao positivo, globalizante, universalizante, sistemático e reificado, enfatizando a negatividade, a criticidade, a singularidade e a particularidade.

Ressalte-se o silêncio imposto ao nome de Adorno no Brasil tanto pelas tendências totalitárias do marxismo ortodoxo quanto por aquelas da filosofia analítica, ou mesmo por todas as tendências autoritárias em geral oriundas das mais variadas apropriações indébitas das obras de Nietzsche, Deleuze, Habermas, entre outras. A razão encontra-se não nas obras em si, mas na contumaz cultura autoritária no Brasil que consegue eliminar toda criticidade e negatividade das obras para transformá-las em credo repetitivo e sem imaginação conceitual, acentuando o colonialismo cultural filosófico autoimposto e o clonismo dos subdesenvolvidos da menoridade intelectual. A filosofia de crítica da dominação passa a ser filosofia da dominação crítica.

Diante da história da arte hodierna, constatamos que a reconciliação com o sistema tornou a arte contemporânea muito menos livre que as vanguardas e a radical arte moderna. A não identidade como quintessência mesma do pensamento crítico de Adorno, fundamental na preservação da liberdade da arte, diluiu-se em um compromisso positivo, logo, reconciliador, com o sistema repressivo. A busca do consenso e da aceitação rompeu com a radicalidade do princípio da não identidade, na eliminação das contradições, tensões, conflitos e paradoxos artísticos. O mundo da identidade prevaleceu sobre a crítica da imaginação criadora da não identidade. Neste mundo perfeito, sem contradições, a identidade com a realidade empírica transforma a arte numa atividade produtora de coisas e não numa atividade criadora de obras de arte autênticas. A função da obra de arte perverte-se em uma mera continuadora do mundo empírico, sem dimensão crítica fundadora.

Assim, feitas as contas históricas, constatamos que permanecem em aberto as possibilidades críticas da filosofia estética do Adorno tardio, visto que apenas se insinuaram as condições da sua realização na história, não como ilustração vulgar da *Teoria Estética*, mas como espaço da abertura em direção à radicalização da não identidade artística sob a liderança estética da própria arte. Essa a condição da sua sobrevivência em um mundo hostil à arte, embora aparentemente menos hostil nas sociedades desenvolvidas e mais nas subdesenvolvidas e em desenvolvimento ou emergentes, como o Brasil.

A crise da arte no Brasil é uma crise da criação. Onde sobra consenso e se cultua o princípio da identidade não pode haver espaço para a subversão da imaginação criadora. Desse modo, acreditamos que a *Teoria Estética* adorniana ainda, e talvez por muito tempo, permaneça em estado de não realização no plano prático e, como dissemos, com mais razão ainda na cultura brasileira, que capitulou perante os desafios de uma arte verdadeiramente autônoma e crítica.

Se *Paralipomena* trata do esquecimento, uma filosofia estética do esquecimento, do esquecido, do rejeitado e lateralizado do núcleo duro da *Teoria Estética*, a lembrança crítica do esquecimento lembrado, o resgate do marginalizado e a inclusão do excluso impõem como tarefa filosófica diante da lembrança dos 100 anos do nascimento de um filósofo esquecido pelas modas originadas ou da filosofia como concepção de mundo – desde as mais sofisticadas até as mais vulgares – ou da reconciliação extorquida pelo princípio da identidade, que a tudo reduz ao mesmo e à repetição, sem gerar o outro e a diferença. A tendência geral ao idêntico constrange as formas criadoras originadas pelo não idêntico, marginalizando-as. O culto ao idêntico tornou-se uma das mais perversas expressões da tendência humana inconsciente ao autoritário, e depois ao totalitário. A acomodação ao idêntico em si não é totalitária, mas a ideia totalitária é em si a veneração e a oficialização do idêntico, nasce da adaptação à servidão voluntária, à liderança autoritária da identidade. O não idêntico é vítima da superstição do espírito regredido.

***

Se toda obra de arte requer pensamento, todo pensamento requer mais pensamento que um dia poderá confundir-se no interior das obras de arte, como mônadas invisíveis e com janelas abertas para todo o organismo artístico. Incontrolável esse processo. Desejável essa condição. Arte é conhecimento de si mesma em relação ao seu complexo de verdade, pois é conhecimento da obra de arte mesma, enquanto tal. Essa verdade estético-artística emerge da sua condição negativa, como falsidade, como não verdade interna e externa. "A arte visa à verdade, se ela não for imediata; sob esse aspecto, a verdade é o seu conteúdo", dirá Adorno. A verdade na arte é plena de mediações estéticas. A verdade é estética, como já afirmou Baumgarten no século XVIII. A cada atividade fundamental do homem corresponde uma verdade a ela diretamente ligada. A arte pode ser falsa para dentro de si e falsa perante aquilo que lhe é exterior. Essa última dimensão é ética, mas também é estética. Dentro de si é somente estética. A não verdade é aferida pela dimensão negativa esquecida, a facilidade do esquecimento, a frieza do esquecer, pelo tanto de reconciliação aceita e buscada. A não verdade como objetivo e premissa, ditada pela reconciliação ideologizada pelo facilitário do princípio da identidade, corrói igualmente por antecipação toda virtualidade crítica da obra de arte.

Se toda estética é expressão conjunta de valores, o que revela o caráter axiológico da estética, mas não necessariamente concluir da validez imediata de uma estética axiológica, ao filósofo cabe a interpretação da obra de arte voltada também, ainda que não exclusivamente, para os valores. A compreensão da obra de arte não pode estar divorciada do valor, pois a estética é filosofia, não ciência. A bioética e a bioaxiologia podem fazer esse cruzamento interdiscursivo para temperar a frieza da ciência. Todo juízo estético é juízo de valor. Valorar é da essência mesma da filosofia estética. Sem isso não há estética possível.

A estética não pode prescindir da universalidade, pois o conceito, ainda que cubra um conjunto de singularidades da realidade, é de natureza universal, mas adianta Adorno que "a necessidade de uma tal universalidade não legitima nenhuma doutrina dos invariantes". A definição de arte, apesar de local, é universal, mas não no sentido de uma fixidez do permanente, imutável ou eterno. "Não cabe à estética eliminar esta contradição", afirma Adorno. Muito pelo contrário, cabe à estética radicalizar esta contradição e explorá-la. "Ela deve assumir esta contradição e submetê-la ao exame segundo a necessidade teórica proclamada categoricamente pela arte na época em que ela se torna objeto de reflexão", conclui. Toda definição é devedora da arte do passado, que transmite sempre essa herança genética, mas não pode servir de camisa de força do conceito e da criação da arte que ainda nascerá.

A estética parte da experiência artística para fundar a sua reflexão pelo conceito, mas não está de acordo com o seu estatuto o compromisso em dar exemplos, como tradicionalmente os leigos e os filisteus se apressam em exigir. A presença concreta da obra é ponto de partida da estética, mas não é a estética inteira. O conceito nasce da obra e a ela se dirige como atividade autônoma, porém, não independente. "O meio (*medium*) da teoria é abstrato, e ela não deve nos induzir ao erro fazendo recurso a exemplos". Não há teoria que resista ao exemplo a ser apresentado de pronto por pressão da ansiedade filisteia. A filosofia resiste e reside na abstração. Esta é a morada mesma do conceito. "A experiência desemboca na estética: ela erige em coerência e consciência o que se produz de maneira incoerente e confusa nas obras de arte, e de maneira insuficiente na obra isolada. Sob esse aspecto, mesmo uma estética não idealista trata de <Ideias>".[1] Diga-se que Adorno não condena a incoerência e a confusão da obra de arte, pois são características essenciais da obra criadora, mas, sim, por não ser função da obra o discurso coerente e consciente. Nesse sentido a obra precisa da filosofia estética. Entretanto, a estética deve trazer em sua imanência alguns traços genéticos da experiência artística, preservando na contradição o incoerente, o confuso e o inconsciente.

Ou bem a arte é crítica do positivismo ou bem a arte desaparece em prol do positivismo.

"Superestimar o momento subjetivo na obra de arte ou abster-se de toda relação com esta dá no mesmo. O sujeito só se torna essencial para a obra de arte quando, a esta estranho, ele a afronta de fora e compensa esta exterioridade substituindo-se à coisa mesma. Contudo, o conhecimento não atinge total e adequadamente a objetividade da obra de arte, a qual não é forçosamente evidente. (...) A objetividade estética não é imediata; quem acredita tê-la em mãos engana-se. Se ela fosse não mediatizada, coincidiria com os fenômenos sensíveis da arte e escamotearia seu momento espiritual; mas ela faz problema para si e para o outro. Estética é a pesquisa das condições e das mediações da objetividade da arte".[2] O momento da subjetividade da arte não nos deve fazer tropeçar. A objetividade da arte é o concreto da com-

---

1 ADORNO, Theodor W. *Autour de la Théorie Esthétique*: Paralipomena. Introduction Première. Trad. Marc Jimenez e Éliane Kaufholz. Paris: Klincksieck, 1976. p. 13.
2 *Idem, ibidem*, p. 16.

preensão sem a qual a estética fica vazia. A objetividade da arte remete ao espírito metafísico das obras, e a partir desse que mais adiante vamos reencontrar a subjetividade da arte, senão através das mediações da objetividade. Essas são recusadas pelo discurso filisteu positivista ou mesmo idealista, segundo o qual essa objetividade é inatingível por excelência. Crer somente no caráter objetivo da obra desmerecendo as mediações que a remetem ao momento subjetivo é submeter-se ao meramente exposto, sem nenhuma transcendência. Crer somente na objetividade é eliminar toda objetividade. Só se alcança a objetividade estética através das mediações que acentuam, e não excluem, as contradições e paradoxos do movimento subjetivo em direção ao momento objetivo. Afastar as mediações é afastar o próprio espírito das obras. Por positivismo ou por idealismo destrói-se a razão de ser mesma da arte. O momento do conhecimento estético é fundamentado nas aproximações mediatizadas, em processo esforçado e nem sempre recompensado pelos resultados. A simplificação dos extremismos positivista e idealista-subjetivo impede a livre circulação das mediações eivadas de avanços e recuos.

Retornar à arte e a partir dela tudo demonstrar para manter a fidelidade à razão de ser mesma da estética pode parecer uma banalidade, mas justo algumas estéticas perderam esse contato e mantiveram-se teimosamente em discursividade heterônoma, ora como dedução de uma filosofia do espírito, ora como dedução da teoria do reflexo de origem totalitária marxista.

O positivismo estético faz o inventário dos efeitos das obras; o *kitsch* faz o da imitação dos efeitos das obras; o comunismo estético faz o sepultamento dos efeitos e dos processos da criação das obras.

Se a arte é autônoma, ela tampouco não é nem pura nem absolutamente em-si, pois acarretaria no descolamento da história. Não há autonomia artística fora da história. O caráter negativo da arte só pode ser exercido dentro da história. "Mas a consciência positivista enquanto falsa consciência encontra também dificuldades: precisa da arte a fim de para nela evacuar tudo aquilo que não encontra lugar no seu espaço asfixiante. Além disso, o positivismo, com a sua fé no que existe, é obrigado a suportar a arte, pois ela existe. Os positivistas livram-se deste dilema ao tomarem a arte tão pouco a sério como o executivo cansado".[3] Os positivistas toleram a arte como divertimento. Já que a arte existe e não se pode acabar com ela, que pelo menos não se dê a ela grande importância. A fé na razão impede os positivistas de amarem algo originado da imaginação criadora. Como inimigos da imaginação criadora, falta imaginação na razão positivista. "A experiência estética se cristaliza na obra particular. Entretanto, não se deve isolar nenhuma independentemente da consciência que delas faz a experiência. (...) A continuidade da experiência estética se enriquece de todas as outras experiências e de todo o saber do autor desta experiência: é verdade que ela se confirma e se corrige confrontando-se com os fenômenos".[4] Sem a obra não há razão de ser da estética. Se há um inconsciente criador, há também um consciente criador, afora a consciência do receptor da obra, que prolonga a experiência da obra tornando-a vida no espírito. A obra nos move e nos conduz no plano da existência concreta, apesar de esta ser insubstituível. O espírito é sensível à obra, e esta àquele.

---

3   Idem, ibidem, p. 19.
4   Idem, ibidem, p. 19.

"Os sentimentos suscitados pelas obras de arte são reais e nesta medida extraestéticos. (...) Mas o fato que a obra de arte não seja somente arte, mas é mais e menos, que ela tenha a sua fonte nas camadas empíricas, que ela possua o caráter coisal de um *fait social*,[5] e converge finalmente na ideia de verdade com o metaestético, implica uma atitude crítica a respeito do comportamento quimicamente puro perante a arte. O sujeito autor da experiência da qual se afasta a experiência estética reaparece nela enquanto sujeito transestético. A emoção ocasiona e reintegra nela mesma o sujeito distanciado".[6] A condição de fato social é o elo com a realidade empírica, indispensável à verdadeira autonomia da arte, pois a recusa da realidade empírica na arte só pode ser entendida em um sentido negativo dialético. A ruptura definitiva com o mundo empírico representaria um surto psicótico, e não o processar autêntico da criação artística. Os positivistas prefeririam certamente que isso acontecesse para depois acusarem a arte de absolutamente inútil à sociedade, conquanto totalmente desvinculada da vida sobre a terra. Não podemos dar a eles esse prazer. A arte é mais do que arte na medida em que ao atingir o espírito do contemplador repercute por inúmeros e desconhecidos espaços da mente e do espírito, sem que possamos afirmar com certeza como, onde, quando e em que circunstâncias tudo aquilo se converteu em alguma coisa outra que não exatamente a arte, que é o ponto de partida. É mais. É menos, justamente porque há algo na arte que não é somente ela e não pode ser, pois perderia esse chão do fato social, historicamente vivido. O sujeito distanciado,

---
5   Em francês no texto alemão.
6   *Idem, ibidem*, p. 20.

vítima da frieza do mundo contemporâneo, é resgatado pela arte através da emoção estética, formadora do espírito, condutora da vida. A emoção estética é discurso formador de vida, intervenção no desespero de viver. É inerente ao conteúdo de verdade da arte ela mesma, mais e menos do que ela. A linguagem da arte está impregnada de vida, de história, de sociedade. Tudo isso é nada se a linguagem da arte não for arte propriamente dita, pois aí não se verá nem arte, nem vida, nem história, nem tampouco sociedade. O princípio de realidade na arte indica que na arte a realidade empírica, de onde se extrai a arte em-si, está presente e ao mesmo tempo negativamente reinventada pela fantasia criadora do artista.

"Enquanto as obras de arte se oferecem à contemplação, elas desorientam o contemplador e dele fazem um simples espectador; ele descobre a verdade da obra como se ela devesse ser também sua própria verdade. O instante dessa passagem é o momento supremo da arte. Ele salva a subjetividade, mesmo a subjetividade estética através da sua negação. O sujeito emocionado pela arte faz experiências reais; mas em virtude da penetração na obra de arte enquanto tal essas experiências são aquelas nas quais ele se libera de sua subjetividade e toma consciência do caráter mesquinho de sua atitude. Se o sujeito extrai uma felicidade autêntica na emoção que lhe causam as obras de arte, é uma felicidade dirigida contra ele; é por isso que ele chora, apiedando-se assim sobre a própria vulnerabilidade. É o que Kant percebeu na estética do sublime, que ele situa fora da arte".[7] A emoção estética faz a mediação da obra com o contemplador. Sem a emoção não

---

7 *Idem, ibidem*, p. 20.

há verdadeira experiência estética do lado do receptor da obra. Sem a vertigem da emoção estética não há a menor penetração e repercussão no espírito, logo, a vida pessoal não muda porque o sujeito tornou-se impermeável ao impacto das obras. A carta de alforria transmitida pela arte é lida pelo receptor como o resgate de um sequestro mantido pela subjetividade na qual ele se refugia do mundo hostil e hostil à arte autêntica. Libertar-se da subjetividade é ir ao encontro da objetividade das obras. A contradição da felicidade catártica da arte é expressa por voltar-se contra ela mesma, negativamente. Só assim a arte será libertadora. A arte volta-se contra o receptor na medida em que ela é sempre mais do que ele, como algo novo. É uma felicidade dirigida contra ele pelo fato que provocará alguma mudança, algum incômodo na zona mesma da alienação, da reificação, da dureza dos sentimentos e da frieza do coração. As doenças das palavras, das imagens, dos sons ou das formas em geral encontram seu tratamento terapêutico na negatividade oriunda da exploração criadora das contradições, paradoxos, conflitos, tensões e demais manifestações do caráter confuso da arte. Saindo do seu mundinho excludente para fora de si, fica de fato livre e *fora de si* na objetividade da arte, numa espécie de delírio estético da contemplação coparticipante, acompanhando e reinventando ao seu modo a santa loucura da criação. A arte e o modo artístico de viver impõem a crítica negativa em todos os setores da vida humana. Se a não ingenuidade precisa da ingenuidade crítica para ir contra a reificação das pessoas e das obras de arte, a ingenuidade acrítica como produto legítimo da cegueira precisa ser derrotada no seu próprio terreno: o da autoconfiança. A emoção estética em Adorno de fato merecia ser lembrada, pois no corpo principal da *Teoria Estética* não havia sido dada a devida importância, estava como que marginalizada, como se a emoção estética não desempenhasse nenhum papel relevante na relação com a obra de arte. O novo estético é objeto de ódio tanto quanto o novo filosófico. O misoneísmo generalizado por todas as áreas da cultura, da ciência, da religião e da filosofia é moeda corrente dos totalitarismos ideológicos, religiosos e das culturas fechadas. "A história da arte cristaliza-se por vezes sobre qualquer coisa de qualitativamente novo, mas é preciso não esquecer ao contrário que esta novidade, a qualidade que se impõe de repente, é praticamente nula. O mito da criação artística encontra-se enfraquecido. O artista realiza a transição minimal e não a *creatio ex nihilo* maximal. O que diferencia o novo é o lugar da produtividade. Este infinitamente pequeno revela o artista como executor de uma objetividade coletiva do espírito em face da qual sua participação é reduzida a nada; a concepção do gênio enquanto receptor passivo lembra implicitamente esse fato. Isso libera a perspectiva sobre o que, nas obras de arte, é mais que sua definição primária, mais que artefatos. Sua aspiração a serem assim e não de outro modo opõe-se ao caráter do artefato, exacerbando-o ao máximo; o artista soberano gostaria de fazer desaparecer a *hybris* da criação".[8] A história da arte tem razão ao dignificar o novo autêntico, negativo. Entretanto, ao transformá-lo em positivo pela cristalização imposta pela razão preguiçosa das massas, ela impede o verdadeiro lado da objetividade negativa que fundou aquele momento e não outro. Dissolve-se a dimensão crítica da arte. Ou então, por outro lado, história da arte cede às tentações do novo pelo novo, sem crité-

---

8   *Idem, ibidem,* p. 23.

rios, ditada pela moda da indústria cultural, o apelo da mídia, o desespero dos curadores e a ansiedade do público já viciado, aguardando a novidade como se fosse mais uma dose de droga pesada que o levasse a novas experiências sensoriais. Por essa e por outras razões que o conceito de sensação estética em Gilles Deleuze é inadequado e fora de propósito, de cunho subjetivista. A indústria cultural é que ama a sensação. A indústria da cultura da sensação. Filiado à estética fenomenológica, o conceito deleuziano de sensação como motor do afeto, que gera afeto como obra de arte, não vai além da tradicional tentativa de descrição. Não está assegurada de antemão a certeza de que descrever é mais verdadeiro que especular criticamente com imaginação dialética, pois a fonte da descrição não traz certificado de garantia da verdade do que é descrito. Pode-se muito bem descrever a partir de uma base falsa, e como certa vez afirmara Kant, na *Lógica*, o erro nos princípios é muito mais grave que o erro na aplicação. A contaminação no primeiro caso invalida todo o resto, ou quase todo, ao passo que, no segundo caso, o princípio de base sendo bom e verdadeiro corrigirá eventuais desvios de aplicação. A rapidez do novo soa falso, como *kitsch*. A adesão imediata é produto do falso, visto que o autêntico novo é engendrado gradativamente e por mediações sucessivas. Como processo negativo. A novidade repentina é abraçada pelo positivo, já que tem rosto, corpo e sangue positivos. A identidade é positiva, tanto quanto o princípio da identidade também o é. O processo criador é minimal, e não maximal. A mediação estética é minimal. Parte a parte, parte por parte. O lugar da produtividade que indica o novo como obra de uma objetividade coletiva do espírito, expressa no infinitamente pequeno da individualidade criadora. A inexistência da *creatio ex nihilo* na realidade da criação artística é superada pela sua existência na mente fantasiosa do *kitsch* e das consciências onipotentes. O caminho mais fácil para a *Entkunstung*, que é a positividade da arte a partir da perda de seu caráter estético em função da sua tendência à adaptação social e à reconciliação. Se o autenticamente novo mais adiante é cristalizado torna-se uma invariante, estamos diante então da petrificação da negatividade, transmutando--a em positividade do "sempre-semelhante" (*Das Immergleiche*). A caducidade do belo vem demonstrada pela modernidade radical até nossos dias. Contudo, amar o feio é tão ineficiente quanto somente amar o belo. "Historicamente, a beleza é em si o que se libera na luta. (...) Identificar a arte ao belo não basta, não somente porque esta identificação é formal demais. Dentro daquilo que a arte se tornou, a categoria do belo só representa um momento que, ademais, se modificou profundamente: absorvendo o feio, o conceito do belo em si modificou-se sem que, contudo, a estética possa dele prescindir. Nesse processo de absorção, a beleza é suficientemente forte para amplificar-se graças à sua contradição".[9] A dialética negativa do belo e do feio vem sustentada pela contradição estética no interior mesmo das obras de arte, que exerce o seu dramático processo de luta interna. Do feio em si a obra de arte extrai negativamente o seu conteúdo de verdade do belo, ou o belo como conteúdo de verdade, com as suas mediações na experiência imanente, tomando o feio como a consciência da culpa. O feio e o *kitsch* estão irremediavelmente associados à culpa. O belo é formado pelo conjunto do momento estético. Isso deveria bastar para o entendimento diacrônico.

---

9 *Idem, ibidem*, p. 26.

A consciência do sempre-semelhante teima em fazê-lo invariante sincrônica hoje e amanhã, na diacronicidade do permanente. A contradição estética é o motor da obra mesmo quanto à categoria do belo, que só surge em meio aos conflitos internos, imanentes. "Um dos momentos do *kitsch* suscetíveis de defini-lo seria a simulação de sentimentos não existentes e, por conseguinte, sua neutralização, bem como a do fenômeno estético. O *kitsch* seria a arte que não se pode ou não se quer tomar a sério, e cuja manifestação, entretanto, postula a seriedade estética. Mas por mais evidente que ela pareça, uma tal afirmação não basta: não se trata aqui simplesmente de todo o *kitsch* desprezível e desprovido de sentimentos. Diz-se que o sentimento seria simulado; mas o sentimento de quem? O do autor? Mas não é mais possível reconstituí-lo que erigir a adequação em critério. Toda objetivação estética se afasta da emoção imediata. O sentimento daqueles que o autor faz habitualmente falar? Eis o que é tão fictício quanto a própria *personæ dramatis*. A fim que esta definição encontre um sentido, sem dúvida seria preciso considerar a expressão da obra em si como *index veri et falsi*. Mas julgar a sua autenticidade conduz a tantas complicações – uma dentre elas é a modificação histórica do conteúdo de verdade dos meios de expressão – que só se poderia decidir de maneira casuística, e mesmo assim não acabaria a dúvida. O *kitsch* é também diferente qualitativamente da arte como a proliferação desta, pré-formado na contradição segundo a qual a arte autônoma deve dispor de impulsões miméticas opostas a uma tal utilização. A obra de arte inflige a estas a injustiça que se realiza na supressão da arte e na sua substituição por esquemas da ficção. A crítica do *kitsch* não deve negligenciar nada, mas assim arroga-se direitos sobre a arte enquanto tal.

A revolta da arte contra sua afinidade *a priori* com o *kitsch* foi uma das leis fundamentais de seu desenvolvimento no curso de sua história recente. Esse processo participa do declínio das obras. O que foi arte pode vir a ser *kitsch*. Talvez esta história do declínio seja uma das correções sucessivas da arte, seu verdadeiro progresso".[10] A arte é perseguida pela sombra do *kitsch* que deseja evitar na quase totalidade da sua constituição formal. Desta contradição de ser um pouco *kitsch* e ao mesmo tempo negá-lo, a arte "progride" historicamente. A história do *kitsch* pode ser a história do declínio da arte. Na revolta contra o *kitsch* a arte imagina o seu estranhamento perante o mundo. O *kitsch* pretende eliminar esse estranhamento, apostando na familiaridade maximal. É a má consciência da arte.

No paradoxo da coisa imanente na obra de arte, esta reage do mesmo modo que o paradoxo do feio com relação ao belo. Se o feio amplia as possibilidades estéticas do belo, absorvendo-o em meio às mediações instauradas pelas contradições estéticas e exauridas pelo espírito criador do artista, o elemento coisal embutido em toda obra de arte também amplia as possibilidades artísticas do elemento estético. As obras de arte são coisas contra coisas. Melhor dizer que são coisas outras contra as coisas que habitam o seu interior, mas que sem as quais também não há arte, pois esta se alimenta do que não é ela, do seu outro. O outro da arte é a coisa enquanto tal. "As obras de arte são coisas que tendem a rejeitar sua coisalidade. Contudo, o elemento estético e o elemento coisal não estão justapostos nas obras de arte de tal modo que seu espírito surja de uma base genuína. Está na nature-

---

10 *Idem, ibidem,* p. 85.

za das obras de arte que sua textura coisal faça dela, em virtude de sua constituição, qualquer coisa de não coisal. Sua coisalidade é o meio (*medium*) de sua própria superação. Os dois mediatizam--se: o espírito das obras de arte elabora-se na sua coisalidade, e sua coisalidade, o ser-aqui das obras, nasce em seu espírito".[11] Do contato estreito com a coisa, surge a não coisa, a obra de arte. Esta nasce da coisa, e só dela pode nascer. A coisa na arte é o desafio. A arte expressa o caráter negativo com relação à positividade da coisa. Coisa entre coisas, a obra de arte é uma coisa singular, a anticoisa, a não coisa. A coisalidade é que é o desafio do artista, que ama a não coisalidade. Do coisal nasce o não coisal. Este tem como matéria o coisal, o minimal extraído da realidade empírica. O coisal é um exemplo da realidade empírica que a imaginação criadora do artista irá destruir, quebrar, transformar e ao mesmo tempo paradoxalmente preservar. O coisal é o *alter ego* do não coisal. Este só pode exprimir-se através da materialidade do existente-no-mundo-como-tal. A derrota da coisalidade indica a superação do meio pelo fim estético. Como ser-aqui das obras, a coisalidade é absorvida pela criação nas mediações originadas pelas contradições estéticas. As mediações são em si mesmas contradições estéticas. A coisalidade é regida pelo princípio da identidade. Dessa contradição do coisal com o não coisal conclui--se que se trata igualmente da contradição entre os princípios da identidade e não identidade no seio da obra de arte. "O caráter coisal da arte está estreitamente limitado. Nas artes temporais, não obstante a objetivação do texto, seu caráter não coisal sobrevive diretamente no caráter instantâneo de sua manifestação.

---

11   *Idem, ibidem*, p. 32.

O fato de uma música e uma peça de teatro serem escritos é já em si uma contradição. O sensório pode disso fazer a observação pois os discursos dos atores no palco facilmente soam falso, pois eles devem dizer alguma coisa como se ela lhes viesse espontaneamente à cabeça, ao passo que o texto lhes impõe. Mas a objetivação das notas e dos textos dramáticos não pode ser reduzida ao nível da improvisação".[12]

"O aforismo de Benjamin, segundo o qual o paradoxo da obra de arte é que ela apareça, não é tão obscuro como se pretende. Realmente, toda obra de arte é um oximoro. A sua própria realidade parece-lhe irreal, indiferente ao que ela é por natureza e, por assim dizer, sua condição necessária. Ela é tanto mais irreal na realidade, quimérica. Os inimigos da arte sempre perceberam melhor que os seus defensores, os quais rejeitaram em vão seu paradoxo fundamental. Não leva a nada a estética que resolve esta contradição ao invés de fazer dela a definição da arte. O real e o irreal das obras de arte não se justapõem em estratos, mas impregnam igualmente em todas as partes. A obra de arte só é real enquanto obra de arte e só se basta a ela mesma na medida em que é irreal, distinta da empiria, da qual, contudo, ela continua a ser uma parcela. Mas o seu elemento de irrealidade – sua definição enquanto espírito – só existe na medida em que se tornou real; nada na obra de arte conta que já não esteja na sua forma individuada. Na aparência estética, a obra de arte toma posição perante a realidade que ela nega tornando-se uma realidade *sui generis*. A arte protesta contra a realidade mediante a sua objetivação".[13]

---

12   Idem, *ibidem*, p. 32.
13   Idem, *ibidem*, p. 34.

Platão já apontara para o fato de a arte presentificar o invisível, tal como Paul Klee no século XX afirmara que a arte torna visível o invisível. Arte é a realização do irreal. A obra de arte torna real o irreal. Contudo, a parcela deste permanece exposta no objeto, pois quem se vê diante de uma obra de arte sabe perfeitamente que está diante de uma não coisa, apesar dos elementos coisais inerentes à não coisa. Sem a textura da coisa, o caráter não coisal da arte não tem como fazer a sua aparição. Só o real da obra pode fazer deixar o irreal aparecer. O caráter real da obra é expor a sua irrealidade, mantendo-a realidade empírica, a qual continua sendo o seu meio ambiente cultural. Afirmar a realidade da arte é radicalizar a sua presença irreal no mundo prosaico. O aspecto de objeto *sui generis* indica que deve causar estranhamento social para cumprir a sua finalidade sem fim determinado. "A finalidade sem fim de Kant é um princípio que emigra da realidade empírica, do domínio dos fins ligado à autoconservação, para um domínio que a esta escapa, outrora domínio sacral. A finalidade das obras de arte é dialética enquanto crítica da posição prática dos fins. Ela toma partido pela natureza oprimida e deve a esse fato a ideia de uma finalidade diferente daquela posta pelo homem; sem dúvida, é verdade que esta ideia foi eliminada pela ciência da natureza. A arte é salvação da natureza ou imediatidade, graças à negação desta, perfeita mediação. Aparenta-se ao não dominado pela dominação ilimitada sobre seu material; eis o que se oculta no oximoro kantiano".[14] A arte funda seus fins singulares. Arte é tornar estranho o que é familiar; assim como o que ocorre com a filosofia, ainda que por outras vias. De familiar já basta o mun-

---

14   *Idem, ibidem*, p. 48.

do empírico, que de tão familiar já nem mais se sabe que é nele que vivemos. De tanto vê-lo ele já não é mais visto. O totalmente familiar da empiria necessita do totalmente estranho até para reconhecer-se no espelho. A simples presença da obra de arte no mundo é crítica da realidade empírica. É fundação de um mundo paralelo. Ainda que dentro deste mesmo. O estatuto da estética permanece eivado de negatividade. Pensar o que resiste a ser pensado, dizer o indizível, na estética temos o paradoxo do caráter evidente do incompreensível. "A tarefa de uma filosofia da arte não é tanto de escamotear o momento do incompreensível à custa de explicações – como o fez quase fatalmente a especulação – mas de compreender o próprio caráter incompreensível".[15] Se pudéssemos resumir o que não pode ser resumido, a *Introdução Primeira* caberia toda ela dentro dessa frase. Todo o esforço para sedimentar o estatuto contemporâneo da estética teria na função de compreender o incompreensível a sua máxima. As estéticas totalitárias falharam. As estéticas da totalidade também. Somente a estética negativa estaria em condições de dar conta, como correlativo estético, ao desempenho artístico das vanguardas. Concluindo o que não pode ser concluído, o caráter enigmático da obra de arte instaura a tarefa de possibilitar a impossibilidade de compreensão do incompreensível. Pensando por aproximações, mediações progressivas, paratáticas ou simultâneas, a estética como conhecimento daquilo que resiste ao conhecimento, como processo dialético, permanece nos termos de Adorno ainda à espera da sua superação na práxis. O momento da superação da estética negativa de Adorno ainda não

---

15 Idem, ibidem, p. 129.

se deu porque ainda não foi superada a camada histórica que a sedimentou. Do ponto de vista negativo, a práxis ainda está tão impregnada da afirmação e da positividade do sistema que nem se deu conta de que a sua ultrapassagem vem sendo subvertida lentamente. A radicalidade negativa da estética adorniana é de tal ordem que sequer a práxis positivada das suas posições começou a pôr a cabeça de fora. O momento da mudança da negatividade em positividade da dialética negativa adorniana ainda está tão longe que o sistema pode comemorar a sua vitória imaginando que o tempo de Adorno já passou, pois esta é a lógica imediatista e apressada da indústria cultural.[16]

---

16 Todas as notas de rodapé referem-se à edição francesa. ADORNO, Theodor W. *Autour de la Théorie Esthétique. Paralipomena. Introduction Première.* Trad. Marc Jimenez e Éliane Kaufholz. Paris: Klincksieck, 1976.

ESTÉTICA DA COMÉDIA – A TRAGÉDIA, A VERDADE E A CONTRADIÇÃO

9

Filosofia da Comédia – Teoria e Prática, de Anselmo Vasconcellos e Raquel Villela Alves, é uma obra inaugural na história da cultura brasileira. Se *Filosofia da Comédia* revela a vitalidade do humor brasileiro, por outro desvela a precariedade da bibliografia nacional a respeito do assunto, de resto confessada pelos autores que, justamente em razão da escassez, decidiram pela criação de um livro que desse conta simultânea e criticamente da teoria e da prática da comédia. A rigor, é uma filosofia da comédia que se permite uma orientação prática da obra de arte cômica. Arte é forma. Fora da forma não há salvação artística. Portanto, o discurso sobre a prática é teoria da comédia, porquanto a concepção da obra de arte é uma fusão dialética de teoria e prática.

Com efeito, a maturidade da arte cômica no Brasil da segunda década do século XXI é tanta que *Filosofia da Comédia* nasce como que por parto natural. Longa gestação na cultura brasileira. O humor é um antídoto cientificamente comprovado contra o totalitarismo. Todas as sociedades totalitárias jamais permitiram a prática do humor, tampouco a teoria. O totalitarismo quer passar a imagem de um regime sério, grave, incompatível com a comédia. De fato, nisso eles têm razão. A comédia desfaz em minutos o que uma biblioteca ou uma brigada de soldados não são capazes de realizar em meses ou anos. Toda pessoa e sociedade que se levam muito a sério não são confiáveis do ponto de vista moral, no mínimo. Excesso de seriedade revela falta de seriedade.

Se toda arte é objeto de desconfiança e hostilidade por parte de segmentos sociais em um Estado Democrático de Direito, mas que admite o direito à sobrevivência da arte e dos artistas, e mesmo os honorifica com alguma reticência dissimulada, ao contrário do totalitarismo que nega o direito ontológico da arte associando-o ao necrológio dos artistas, o humor como esfera transartística é de longe o mais atacado pela intolerância. A comédia liquifica a razão instrumental. Os racionalistas a perseguem como inimiga. A comédia é inimiga da razão por ser amiga da imaginação criadora. A racionalidade da arte cômica como processo de civilização nasce da profunda irracionalidade estética. Se arte é confusão, comédia é muito mais. Uma comédia racional é uma contradição nos termos. Ao voltar-se contra a razão sob determinados aspectos, a desrazão da comédia reinstaura a razão na sociedade e no Estado.

O racionalismo vê na razão uma *facultas superior*, uma faculdade superior, subordinadora, geral, estável e universal, como os historiadores da filosofia são unânimes em reconhecer, e a sensibilidade como característica da imaginação uma *facultas inferior*, uma faculdade inferior, subordinada, instável, particular e singular, sujeita a mudanças e movimentos até instintivos. Nesse sentido, toda a área artística seria produto da *facultas inferior*. Eis a origem conceitual de toda espécie de preconceito contra a arte, sobretudo, a comédia. A imaginação na verdade é superior à razão, ou melhor, a imaginação é uma razão superior, elevada.

Daí a nobreza da cultura artística como imagem mesma da civilização humana. A sensibilidade é o motor da imaginação, ou, quem sabe, a energia espiritual. Assim, do ponto de vista humano a sensibilidade é superior à razão, e ao fim e ao cabo sensibiliza a razão tornando-a mais racional.

Alexander G. Baumgarten (1714-1762), o chamado pai da estética – na ordem diríamos, estatutária, de "direito", visto que Platão a inaugurou de fato –, na *Metafísica* definira a faculdade do conhecimento inferior aplicada à estética, que mais tarde será nuançada na *Estética*, reconhecendo a especificidade da mesma: *"Minha alma conhece de modo obscuro determinadas coisas e conhece confusamente outras. Assim, quando todas as coisas são iguais, ao perceber uma coisa como completamente diferente das outras, minha alma percebe mais que quando a percebe sem a diferençar das outras. Deste modo, quando todas as coisas são iguais, o conhecimento claro é maior que o conhecimento obscuro. Segue-se que a obscuridade é um grau menor do conhecimento, enquanto a clareza é um grau mais elevado, e, pela mesma razão, a confusão é um grau menor do conhecimento, ou, ainda, um grau inferior, enquanto a distinção é um grau maior ou então um grau superior. A faculdade de conhecer alguma coisa de modo obscuro e confuso, ou então de modo indistinto, é pois a faculdade do conhecimento inferior. Minha alma, portanto, dispõe de uma faculdade do conhecimento inferior"*.[1] Do ponto de vista da estética da contradição, a confusão é um grau maior ou superior do conhecimento. A con-

---

1   BAUMGARTEN, A. G. *Estética*. A lógica da arte e do poema. Trad. de Míriam Sutter Medeiros, coordenação de João Ricardo Moderno. Petrópolis: Vozes, 1993.

fusão é criadora. É preciso confundir tudo para nos tornarmos capazes de diminuir a profunda confusão do mundo. Ou da confusão que é o mundo. A teoria estética da confusão é um desdobramento da estética da contradição. Confusão é contradição. Da confusão nasce a luz. A confusão é indeterminação. Duns Scott (1270-1308) havia se referido à arte como *cognitio intuitiva* ou *species specialissima*, ou mesmo *cognitio confusa*, termo adotado por Descartes, cuja matriz é o pensamento escolástico, e tirada da doutrina do próprio Duns Scotus, que teve larga aceitação nos Seiscentos e depois com Leibniz e Baumgarten nos Setecentos. O que para os racionalistas é um defeito comparativamente à razão, para os demais denota a especificidade da faculdade da imaginação criadora e suas obras. Essa *cognição inferior* em Baumgarten gradativamente vai se transformar em *cognição singular*. A indeterminação e a indistinção artístico-estéticas são a alma mesma da obra de arte. A intuição estético-artística é uma cognição, seja espécie especialíssima ou confusa. Confusão é conhecimento. A confusão é do domínio da indeterminação e da indistinção artística. O teatro, ao confundir o público, o faz recordar a condição humana. A confusão é uma anamnese da tragédia humana e sua felicidade. O teatro é anamnéstico tanto quanto catártico, já que sua disrupção, indistintamente drama ou comédia, o projeta no abismo da condição humana. A comédia é um drama sem dramaticidade. A comédia é um dos caminhos do drama. O mais bem-humorado. Ionesco afirmava que o que interessava mesmo no teatro era a *forma teatral*. Teatro é a forma teatral, a forma-teatro. O teatro como forma, ontológica e teatralmente forma.

Entretanto, no seio da indeterminação, da indistinção e da confusão estético-artísticas há uma distinção singular e específica, pois para o artista no interior da obra de arte ele é permanentemente desafiado a distinções, clarezas e determinações intrínsecas e inerentes ao discurso estético da *indistinção*, da *confusão* e da *indeterminação*. Trata-se, pois, de uma natureza própria, que tem o seu *modus operandi* singular. Essa condição estética dá-se no plano da pessoalidade e da subjetividade, que operam de modo objetivo a intimidade do ser humano tornada obra de arte. Anselmo Vasconcellos e Raquel Villela Alves demonstram que a arte é ato criador da esfera privada, contendo em si a dignidade como evento moral e ético em tudo coerente com a dimensão estética. Fica claro que a arte é o antídoto perfeito à barbárie. A comédia contribui para a qualificação do conjunto da civilização, testando-o ao permanentemente desafiá-lo.

Com informação segura, precisa, o livro conduz o leitor para os mais sutis aspectos da comédia, desde o histórico ao estético prático e teórico, sem perder a vocação didática em forma elegante. Estética e ética do humor se completam em perfeita harmonia contraditória, paradoxal. A força da aparência estética, do sensível absoluto do teatro, é prova da não identidade da comédia com o todo social. Arte é não identidade com a realidade empírica, ainda que paradoxalmente dela dependa, e todo o jogo artístico é a radical exploração dessa tensão estética. Na estética de Theodor Adorno enfatiza-se o caráter negativo da criação, visto que não é da genética da arte a afirmação positivada do mundo e da sociedade como eles são. Arte é negação criadora. A liberdade da comédia é a comédia da liberdade. Ou da falta de liberdade, criticamente vendo pela negatividade estética. A comédia ressacraliza dessacralizando. É a cultura voltada contra si mesma. E é exatamente nessa negação de si que ela engendra a si mesma. Ela realiza o fim de toda e qualquer dominação, desde que se recuse como dominação também, e não se torne instrumento ideológico e perca a sua autonomia estética.

Ionesco afirma que "quer se fazer de tudo no teatro, mesmo educação – ou reeducação – (...) Há filósofos que escrevem para o teatro, e seu teatro, ao invés de ser o produto de um sistema de expressão próprio ao teatro, só é a expressão discursiva, apoética, adramática, de uma ideologia. Ora, o teatro deveria caminhar paralelamente com uma ideologia, e não ser seu escravo. Um autor de peças de teatro pode ter seu universo, mas um universo que só pode se exprimir em linguagem de teatro, como a música somente pode se exprimir em música e a pintura em pintura".[2] A subserviência do teatro à ideologia é uma expressão da sua humilhação perante o poder. A heteronomia estética teatral é da mesma natureza que quaisquer manifestações artísticas submissas a princípios e regras exógenas.

Para Ionesco, as contradições na arte são intrínsecas ao processo criador, e a ideologia tem por objetivo eliminá-las e não explorá-las, como na grande arte, ou na arte séria, como dizia Adorno. Ionesco se manifestou do seguinte modo: "Eu não creio que seja preciso ultrapassar, resolver as contradições. Isso seria empobrecer. É preciso deixar as contradições se desenvolverem em toda a liberdade; os antagonismos se reunirão talvez por eles mesmos, ainda que se opondo em um equilíbrio dinâmico".[3] A comunicabilidade ou compreensibilidade fácil da ideologia é inconciliável com a resistência crítica da arte à comunicação direta. Se-

---

2 IONESCO, Eugéne. *Notes et contre-notes*. Paris: Gallimard, 1966. p. 176.
3 Idem, ibidem, p. 170.

gundo Ionesco, "uma obra de arte é a expressão de uma realidade incomunicável que se tenta comunicar, e que, por vezes, pode ser comunicada. Este aqui é o seu paradoxo – e sua verdade".[4] Se para Adorno a arte é a expressão da incompreensibilidade, a tarefa da filosofia da arte é compreender a própria incompreensibilidade, comunicando a incomunicabilidade. O conteúdo de verdade em Adorno se associa à verdade em Ionesco. A verdade estética nasce das contradições artísticas e não de uma verdade totalitariamente imposta aos artistas, ou destes, inoculados voluntária ou involuntariamente pela ideologia, imposta ao público.

Com efeito, Ionesco afirma que "cada obra de arte está fora da ideologia, pois ela não é redutível a uma ideologia. A ideologia só faz rodeá-la sem a penetrar. A ausência de ideologia na obra não significa ausência de ideias, ao contrário, são as obras de arte que as fertilizam. Em outras palavras, não foi Sófocles que foi inspirado por Freud, mas bem foi Freud que foi inspirado por Sófocles e pelas angústias das quais testemunham a existência, as obras de arte e as revelações que elas podem determinar. A ideologia não é fonte da arte. É a obra de arte que é a fonte e o ponto de partida das ideologias ou filosofias a vir (porque a arte é a verdade, e a ideologia nada mais é que fabulação da moralidade)".[5] A busca de verdade estética não tem rigorosa e filosoficamente nada a ver com a artificial produção fabulante da ideologia, em regra procurando impedir a verdade da arte. Ideologia é discursividade esteticamente estéril, isto é, instituição de uma doutrina racionalizada que termina por conduzir a sociedade para os mais

---

4   Idem, ibidem, p. 143.
5   Idem, ibidem, p. 142.

trágicos desfechos irracionais. Essa culpa social inerente à barbárie da ideologia é estranha à arte. A mais sábia forma de evitar a tragédia do mundo é crer para ver que a tragédia se instala quando somos incapazes de comédia, visto que, conforme Ionesco, "o riso é a finalização de um drama", e que "o cômico é uma outra face do trágico".

GIL*PERTO* DA POESIA

Nominais foi para mim um desafio e um exercício simultaneamente sentimental e intelectual de desenigmatização do poético. Foi Platão quem primeiro afirmou ser a poesia um enigma. Entretanto, foi Adorno quem mais elaborou a teoria do enigma da obra de arte. Esta é um enigma à procura de corajosos decifradores estéticos. Desde o Platão do Sofista sabemos que naqueles tempos o termo "ctética" designava a arte de tomar da natureza aquilo que ela oferece – como a "arte da caça e da pesca" –, e o termo "poética" significava a arte da fabricação daquilo que falta à natureza – não tendo, pois, qualquer limitação à arte da palavra tal como a estética moderna lhe atribuiu. *Nominais* de certa forma exerce em sentido moderno a arte de fabricar o que falta na "natureza" da palavra na sociedade contemporânea. Principalmente brasileira.

Não há, portanto, filosofia da arte sem enfrentamento do desconhecido proporcionado pela obra de arte. A coragem é a condição prévia absoluta do exercício filosófico. Desde o Sócrates da cicuta que a filosofia não é uma atividade para covardes. Filosofar implica assumir riscos: os de natureza psicológica, econômica, política, cultural, social, entre outros, como os de vida, ou de morte, como querem os franceses. O enfrentamento do mundo é testemunho da filosofia como uma atividade corajosa. Porém, não é de outro modo que entendo a atividade poética desde Eurípedes. Filosofia e poesia não foram criadas para abrigar covardes. Gilberto Mendonça Teles procura a poesia, que está ao seu lado, bem perto dele. Para outros ela está longe. O centro da poesia está localizado no desconhecido que nos faz a cada momento buscá-la, mesmo que estejamos próximos dela. "Estou longe ou perto/ da poesia?". A qualidade da pergunta faz o poeta, pela sabedoria da dúvida, não só aproximar-se da poesia como revelar estar ele perto da poesia pela própria natureza da pergunta. Assim indaga o poeta à procura do centro da poesia, do ser da poesia, em busca de um espaço e um tempo poéticos – da "estética transcendental", diria eu me utilizando livre e irreverentemente de um termo de Kant, digamos uma utilização "poética" da rigorosa filosofia kantiana –, de um absoluto poético a partir do qual teríamos um ponto de referência capaz de dizer da nossa proximidade ou distância da alma da poesia, como no poema "Cavalo--marinho?", feito com versos interrogativos e figurando na página uma grande interrogação ou um cavalo-marinho. Aliás, composto de 13 estrofes, todos os versos iniciais são de cinco sílabas, enquanto todos os outros são de quatro, situação que só se quebra na estrofe final, onde se inverte o esquema métrico, com o verso de cinco sílabas fechando o poema e, no fundo, contribuindo para a força rítmica de sua visualidade, como numa de suas estrofes:

Estou longe ou perto
da poesia?
sou meu deserto?
meu dia a dia?

Uma das características mais interessantes da poesia telesiana vem a ser a capacidade do alcance poético de palavras simples, mundanas, prosaicas, ao alcance de todos, mas que, parataticamente aproximadas, poeticamente organizadas, inteligentemente selecionadas, musicalmente compostas e historicamente pensadas exigem muito mais do que aquilo que as aparências pretendem evidenciar. Depois da transformação das palavras que desta feita foram retiradas do seu leito vulgar, elas são tomadas de uma grandeza e uma concretude inesperadas, desconcertantes. O paradoxo da parataxe de Gilberto é que, aproximar-se da poesia, ficar perto dela, consiste em distanciar-se da palavra para, num gesto de contradição estética, a ela mesma retornar, fazendo-a vibrar, estremecer, dar gosto na boca de tamanha presença. A palavra poética de Gilberto nos faz salivar mais que qualquer cardápio, rir mais que qualquer austera poesia, ficar mais sério que qualquer ortodoxia.

Apesar do sobrenome lembrar o grego *têle*, "ao longe", "a distância", Gilberto está perto da poesia. Nominal em latim, além de indicar algo que só existe em nome, ou referente ao nome, remete também ao que "não é real": diria eu, longe do real. Se *Nominais* a todo instante nos coloca diante do real das palavras, ou melhor, da realidade imediata e empírica da palavra, esta simultaneamente é catapultada e, logo a seguir, volta semanticamente revivificada e dotada de um sentido que ultrapassa a falta de sentido a que já estava condenada na sociedade. *Nominais* abre dissidência no real, nutrindo-se dos conflitos estéticos inerentes à obra de arte e, sem nenhuma cerimônia, estabelece um vaivém com a realidade empírica que eu ousaria afirmar ser o tom comum e uma das marcas da unidade poética do livro. É da contradição do poema negar a realidade empírica. Contudo, não pode mandá-la para o espaço, pois paradoxalmente é ela seu *leitmotiv* criador. É nisto que *Nominais* descobre seu ritmo e seu balanço.

Fora o caráter lúdico dominante, prova evidenciada da liberdade do artista, e fora o humor indisfarçado e que ousa dizer seu nome, prova concreta da maturidade estética do poeta, observo o jogo de relações imprevisíveis apresentadas em vários poemas, tal como se dá em "Crítica", que praticamente abre o livro:

altos
seu livro tem &
baixos
os altos ideais
&
os baixos princípios
as altas qualidades
&
os baixos instintos
a alta felicidade
&
o baixo meretrício.

O princípio poético de Gilberto institui uma crítica da economia estética, segundo a qual esta é crítica da poesia ao procurar arrancar ao máximo a força artística das palavras renovadas, ao utilizá-las no seu mínimo possível: um minimalismo inspirado no prosaico. *Nominais*, por ter feições empíricas, pode parecer mais acessível, o que não deixa de ser verdade, porém, à medida que avançamos na leitura, constatamos que tudo não passava de uma ilusão poética. São muitas as armadilhas. É como entrar em alguma selva da sua tão presente Goiás. No poema "O Mato Grosso de Goiás" há uma aparência real de ordem alfabética, mas nem mesmo o poeta a respeita. Ele nos conduz "alfabeticamente", entretanto, repetidamente rompe com a ordem e a lógica "alfabéticas", tal como é a realidade de uma floresta natural no Brasil. Se o poema trata de modo criador a problemática ecológica, então o poeta o trata como floresta e como poema. Na lógica do poema cabe a "ordem alfabética"; na ordem da floresta cabe a "lógica" aleatória. A sociedade contemporânea em sua vertente totalitária abriu fogo tanto contra a lógica do poema quanto contra a ordem da floresta. Em outras palavras, a dominação do homem sobre o homem e a dominação do homem sobre a natureza são as duas faces de uma mesma moeda responsável pelo desconforto do homem no mundo tal como ele é.

Gilberto está perto também da sua terra, dos seus mitos, das suas lendas e de uma infância plena de imaginação e medos. Sua *terra brasilis* é um enigma, mas sua decifração só é possível com a criação de outros ainda mais complexos, mais claramente com a produção criadora de poemas. A criação de uma linguagem cifrada contraditoriamente desvela o mundo real, como em "Peri--patético", que aponta para a personagem de Alencar e, no fundo, para o poeta-filósofo andarilho, perplexo diante da estupidez da vida burocratizada.

Ando e tu multas
ando e te multo
ando em tumulto
t u m u l t u
       ando.

Das terras de Goiás, dos sentimentos de Goiás, das ternuras da sua Goiás, Gilberto dá trato poético às palavras em Goiás. Perto da poesia, Gilberto vai buscar longe a maneira de falar ou a sonoridade dos seus irmãos da terra primeira, nostálgica:

> No voo rasteiro, sobre o brejo,
> a inhuma
> come minhoca, como tudo,
> cominhoca, com'tudo;

e mais adiante, no mesmo poema, parte 2, ele diz do "Passo--preto":

> É meu este arrozal
> que eu finco, que eu finco, queu finco,
> que eu ranco, que eu ranco, queu ranco.

Não há fugir da concretude nos poemas telesianos. A verdadeira "arte culinária", obviamente com a lógica da arte e não necessariamente com a lógica do paladar e da cozinha, se faz presente em muitos deles. Entretanto, no *Manifesto da cozinha goiana* o paroxismo "estomacal" da poética gastronômica de Gilberto pode ser melhor e mais sensivelmente percebido, claro, se não faltar "uma boa porção/de pimenta e limão". A "receita poética" dos bichos diz o seguinte:

Filé de capivara	/	farofa de tatu
churrasco de queixada	/	fígado de anta
miúdos de veado-mateiro	/	postas de jacaré

carne de porco	/	carne de gado
e mais a paca assada	/	e lombo de cutia
tudo bem temperado		
se possível de véspera		
e com boa porção		
de pimenta e limão.		

Esse Brasil profundo, onde se come "postas de jacaré", "farofa de tatu" ou "lombo de cutia" me parece aterrorizante, coisa de ficção, pois a mim, simples urbano, tais animais ou "bichos" habitam mais a minha imaginação ou os livros de fotografias devorados na infância que a realidade da mesa de jantar. Mesmo que com "boa porção/de pimenta e limão".

Mas se Gilberto está perto (Gilperto) da poesia, está longe da sua querida Goiás. Longe das comidas de Goiás, das palavras de Goiás. Só lhe resta o nome de Goiás, o nome das coisas, bichos, peixes, pássaros e comidas de Goiás. Ele próprio se divide: Gilberto está perto – da poesia; Teles está longe, a distância – de Goiás. Seu próprio nome encerra uma contradição estética. E ele não é de modo algum surdo aos seus paradoxos, aos seus conflitos e às suas posturas antitéticas e contraditórias. Talvez a contradição se resolva na Mendonça, proximamente de origem vasca e remotamente do latim *mendacium*, i: "mentira", "ficção", "invenção poética" ou, ainda, de *mendax, acis*: "o enganador", "o que finge": o que finge estar perto, estando longe.

Com seu jeitão matreiro, de brasileiro, castiga o poeta:

Tudo isso e mais a fome
                da cidade e do sertão

tudo isso e mais o gosto
da pimenta e do limão
tudo isso minha gente
vai perdendo a tradição
vai ficando na saudade
na forma de algum refrão
de algum discurso eficaz
que possa matar a fome
comendo apenas o nome
das comidas de Goiás.

Come-se, no fundo, o som "das comidas de Goiás", se estas não têm mais gosto na boca real, passam a habitar um novo universo, o poético. Nele, o "arroz-maria-isabel" ou o "arroz-de-moça-pobre" são redivivos na arte como utopia. Da mesma forma que ultrapassam a referência original e adquirem valor nominal, palavra-força, tom de manifesto. *Nominais* é um panegírico da sensualidade em amplo sentido. A sensualidade da carne humana, da carne animal, de todas as carnes, de todos os doces, de todas as frutas, de todas as árvores, de todo o ar, de todo o universo, de todas as palavras. De todo Goiás. Como em "Frutas":

Em cada moita um desejo,
gosto de fruta e de beijos.

Debaixo de cada moita,
há mãos e cobras afoitas.

E dentro de cada fruta
Veludo e sombras de grutas.

Se "Deus é nome", "Deus é longe", aproximar-se de Deus requer a criação pela linguagem, a fim de trazê-lo para perto. Procurar o ser da poesia consiste em buscar Deus pelos caminhos poéticos. Contudo, se a busca pelos caminhos que levem a Deus e à poesia por vezes se confundem, está podendo levar àquele e vice-versa, e se em ambos os casos só através da linguagem é que podemos seguir-lhes o rastro, há de se separar as atividades. "O entusiasmo de Deus rói a linguagem".

A afirmação do ego de Gilberto Mendonça Teles vem acompanhada, na construção gradativa da sua poesia – por vezes intelectual –, do seu filoneísmo, de um pensamento estético curtido na criação e na reflexão teórica que respira o ar da vanguarda. Poeta, professor universitário e teórico, Gilberto não é indiferente às contradições e aos conflitos que agitam suas atividades, pois cada uma remete às outras. Tais conflitos são por ele explorados esteticamente, não só de maneira implícita como de modo explicitado. Em poema a mim dedicado, "Kantiana", de 1992, é dito:

Quem percebe a beleza dos contrários?
o brilho mais antigo dos modernos?
as duras negações e antinomias?
E quem teme as antíteses, os paradoxos,
os oximoros e as contradições
que salvaguardam na exclusão
as formas e os sentidos da poesia?

Gilberto Mendonça Teles é um amigo da modernidade e um filócalo, um amigo da beleza e, por extensão, das artes. *Nominais* vem a público no ano do tricentenário do livro que deita a modernidade no solo europeu. Falo do livro de Charles Perrault, *Paralelo dos antigos e modernos*, obra que servirá de ponto de partida da "Querela dos Antigos e Modernos" ao longo do final do século XVII e início do século XVIII. Se Gilberto está perto da poesia residindo na capital cultural do Brasil, no Rio de Janeiro de todas as modernidades, isso não o impede de, amando esta cidade, se emocionar com São Paulo, pelo menos o São Paulo de Mário de Andrade, cujo poema "Inspiração" parodia em "A Berração":

São Paulo! comoção de minha vida...
São Paulo! como ação de minha vida
São Paulo! coração de minha vida
São Paulo! oca oração de minha vida
São Paulo! louca emoção de minha vida
São Paulo! locomoção de minha vida

São Paulo! locomotiva tiva tiva tiíva
Vanguardismo a berrar nos(r) destinos da América.

E não o impede também de se voltar constantemente para a sua terra, chegando a transformar o nome de seu Estado em matéria poética, como no poema "Goiás" que, por não ser paratático, não se encontra nesta antologia. Mas faz parte de *Hora aberta*, seus poemas reunidos. Nesse poema há literalmente um jogo entre o perto e o longe: na primeira estrofe se diz "Só te vejo, Goiás, quando me afasto"; na segunda, "De perto, não te vejo nem sou visto"; na terceira:

> De perto, as coisas vivem pelo ofício
> do cotidiano – existem de passagem,
> são formas de rotina, desperdício,
> cintilações por fora da linguagem.

Na quarta, encontra a salvação pela linguagem, quando confessa que

> De longe, não, nem tudo está perdido.
> Há contornos e sombras pelo teto.
> E cada coisa encontra o seu sentido
> na colcha de retalhos do alfabeto.

A quinta reforça o processo da visão de longe e a última estrofe reenvia ao começo do poema, acentuando nas rimas o sentido do jogo:

> Só te vejo, Goiás, quando carrego
> as tintas no teu mapa e, como um Jó,
> um tanto encabulado e meio cego,
> vou-te jogando em verso, em nome, em GO.

Há, como se percebe, uma filosofia quase teológica da contemplação: estando perto, em Goiás, o sujeito lírico não vê, porque vive; estando longe, no Rio de Janeiro, ele transforma Goiás em linguagem e, não contente, minimaliza-a, reduzindo-a a sigla, a GO, dessacralizando assim o lado oficial e político que envolve o topônimo e pondo em evidência, no plano do imaginário, o lado bom de sua terra.

JOÃO CABRAL, DO RECIFE TERRESTRE À JERUSALÉM CELESTE

Santo Agostinho, em *A Cidade de Deus*, confessa preferir Platão a qualquer divindade romana ou grega, conquanto Platão, "concebendo segundo a razão o Estado ideal, julga necessário dele banir os poetas como inimigos da verdade". João Cabral de Melo Neto, que festejou seus 90 anos na *Cidade de Deus*, transitando do Recife à Jerusalém Celeste por mediação da poesia, era um homem da verdade. A grande poesia é em si mesma verdade, que não é exclusividade da filosofia, não obstante que esta a alcance por meio da razão, e a outra por meio da imaginação criadora. O poeta-embaixador estabeleceu relações mais que diplomáticas com Deus, cuja representação é uma invariante sutil em toda a sua obra, que nem o ateísmo proclamado em boa parte da vida apagou: "Há vinte anos não digo palavra/que sempre espero de mim./ Ficarei indefinidamente contemplando/meu retrato eu morto." Da Jerusalém Celeste, João Cabral contempla seu rosto vivo ao ter falecido na santidade. Da santidade do poema ao poema da santidade. Cabral é expulso da cidade dos homens para retornar como deus da poesia. Morreu católico.

Com o falecimento de Aurélio de Lyra Tavares, ocupante da cadeira 20 da Academia Brasileira de Letras, em 18 de novembro de 1998, no Rio de Janeiro, eu me candidato, e em seguida retiro a candidatura. A eleição foi vencida pelo meu amigo Murilo Melo Filho. Horas a fio de conversas telefônicas com a sua esposa Marly de Oliveira, de quem me tornei grande amigo por conta da natimorta candidatura, confessei meu catolicismo inabalável. Minha convicção da divindade de Jesus Cristo acabou por tocar o coração de Marly, que se reconverteu por telefone. Talvez caso único. Deus me deu por missão mediar a reconversão de algumas pessoas, dentre as quais Maria Heloísa Fénélon Costa, reconvertida três semanas antes do falecimento. Dom Odilão Moura O.S.B. foi testemunha.

Em visita amigável, dei a Marly um catecismo, um escapulário, um terço e algumas imagens, além do meu livro *Estética da Contradição*. Amou todos os presentes. Conversava com Cabral sobre Deus, lia em voz alta meu livro e orava gradativamente com o poeta, desde o Pai-Nosso. Cabral reconverteu-se! Marly, nervosa, transmitia toda a inquietação religiosa de Cabral, que me pediu através dela organizar uma missa em seu apartamento no Flamengo, ocasião em que confessaria com Dom Odilão Moura O.S.B., novamente ele, e este celebraria a tão surpreendente missa. Cabral tornaria pública sua reconversão com toda a dignidade. Poucas pessoas estariam presentes.

A missa não chegou a ser realizada. Cabral faleceu pouco antes. Marly lia meu livro, que ele declarou gostar muito, no momento em que começava a deixar o mundo. Rapidamente Marly busca o terço e começam juntos a rezar o Pai-Nosso. Faleceu antes de terminar a oração. Pouco importa. Terminou-a junto a Deus Pai, em uma obra-prima, escorado no Espírito Santo e no amor de Jesus Cristo. Morreu como poeta, e renasceu como santo. Poeta de Deus com Deus poeta. Do Recife dos homens à

Jerusalém Celeste dos santos, João Cabral de Melo Neto poderia dizer: "Em densas noites/com medo de tudo: de um anjo que é cego/ de um anjo que é mudo. (…) Ó, nascidas manhãs/ que uma fada vai rindo/ sou o vulto longínquo/ de um homem dormindo".

Cabral, poeta da verdade, expulso da República, mas aceito no Reino de Deus.

O GÊNIO DA HISTÓRIA E A HISTÓRIA DO GÊNIO

12

> A arte não é a imitação de uma coisa criada, mas o próprio ato criador.
> Theodor W. Adorno

Carlos Nejar escreveu *História da Literatura Brasileira* como uma teoria da literatura, em busca do gênio da criação, brasileira em particular. Vale nuançar, ele busca a ontologia estética do gênio e em quem, como e quando se manifesta nos mais expressivos escritores nacionais. Essa vasta e eruditíssima obra é uma confrontação elegante entre o seu próprio tino inventivo e o dos demais escritores do País. Toda grande obra tem os sólidos rastros da autobiografia. Consciência de si, ao analisar criticamente um amplo número de escritores talentosos, lembrados ou esquecidos pela história. Neste caso, devidamente resgatados em sua dignidade criadora. Nejar alcança o gênio da história através do gênio da literatura, e este através daquele. Tal é a dialética estética da sua História. Esta é a mais nobre expressão da imaginação crítica e da defesa da razão criadora. É a melhor homenagem à literatura brasileira no ano do centenário de falecimento de Machado de Assis. O espírito de Machado está presente. É uma História machadiana.

Paul Valéry afirma "que há um gênio no procurar como há um gênio no encontrar, e um gênio no ler como há um gênio no escrever". O gênio da *História da Literatura Brasileira* encontra-se na conciliação harmônica dessas variações do gênio em Valéry. Nejar lapidarmente leu, procurou, encontrou e escreveu. Foi essa associação dos diferentes gênios que concedeu à *História* o paladar da singularidade. Momento único dentre todas as histórias da literatura brasileira. Uma história de estilo. E se o estilo é história, porque estética viva, a história deve ser estilo. A história nejariana é uma estética da literatura brasileira. Obra de arte e obra literária. Pela primeira vez, temos uma história da literatura brasileira escrita como um romance, no qual os escritores são protagonistas. A *História* é um romance da vida e da criação. E Nejar é o seu próprio estilo. Acima, ou bem fora, dos cacoetes academicistas. Rigorosamente imparcial quanto à qualidade estética das obras estudadas, revela-se um exegeta de enorme grandeza d'alma ao conciliar o justo, o verdadeiro e o impessoal. As grandes obras teóricas são impessoais na análise crítica, mas substantivamente pessoais na linguagem. A obra de Nejar é uma vastíssima obra de linguagem em língua portuguesa de alta estirpe. A extrema pessoalidade de linguagem se uniu à impessoalidade crítica. A caravela de Nejar, com seu gênio navegatório, ancora no Brasil, redescobrindo a sua literatura, afastando-se consciente e deliberadamente do inócuo jargão universitário e do lugar-comum que predomina na quase totalidade das histórias similares, que ainda têm a pretensão de terem encontrado a pedra filosofal do método histórico. Totalmente avesso à burocracia do pensar, Nejar assumiu e cumpriu um compromisso moral, ético e intelectual com sua própria maneira de sentir e pensar a literatura brasileira: buscando e encontrando a verdade estética das obras e o gênio dos períodos históricos, que de fato são definidos pelas obras, e não o contrário. Nejar opera com a metáfora como teoria crítica. Há uma teoria estética dentro da metáfora crítica. Assim, a poética da literatura brasileira é ressaltada, desvelada, posto que quase sempre as histórias da literatura brasileira falam pouco da alma do artista e do espírito criador.

A *História da Literatura Brasileira* é produto de décadas de leitura, maturação, pesquisa e reflexão crítica sobre as mais importantes manifestações da literatura mundial. Através desse diálogo de espírito para espírito, Nejar penetra na densidade e na complexidade da criação literária brasileira com muito mais acuidade. Dominando com vocacional e profissional naturalidade as mais difíceis formas estéticas da literatura, a *História* revela um Nejar erudito pouco conhecido. A erudição é nomeada e inclusa nas mais sofisticadas reflexões teóricas e filosóficas. Entretanto, somente os ingênuos poderiam crer que a genialidade da sua obra como artista da literatura – seja como poeta, romancista, dramaturgo ou contista – possa ser produto do acaso. A sensibilidade do artista de vanguarda o direcionou a escrever uma história da literatura brasileira de vanguarda. Se outros artistas e críticos brasileiros são capazes de escrever uma história nestes termos não podemos duvidar, porém, ela jamais havia sido escrita. Coube a Nejar a nobre tarefa de ser o primeiro. Com todo o rigor técnico. História de artista.

Academicamente, a precisão das citações, das referências, dos dados e das informações resiste ao mais cuidadoso exame de verificação. O idioma crítico-poético da *História* torna-se belo, original, ousado, corajoso, elegante, leve, claro, rico e sutil. Além de irônico, às vezes. O discurso acadêmico conservador prefere trilhar caminhos conhecidos por misoneísmo, eufemismo para covardia. É muito mais fácil seguir o reconhecido pela crítica e pelo público do que iniciar um novo percurso. A *História* é a épica da criação brasileira trabalhada com audácia. O conservador prefere não ousar para não correr riscos, tal o medo de errar. E aí comete o maior dos erros: não ousar. Logo, pouco cria. A insegurança conservadora faz com que o historiador ou teórico repita o já consagrado. Neste caso, temos a consagração da insegurança. O gênio aceita e ama os riscos. Sua atividade somente se exaure no desafio, trafegando na dialética da tradição e da vanguarda. Sem coragem teórica, nada de novo emerge.

Nejar utiliza um vocabulário rigoroso e enciclopédico, no qual os conceitos são aplicados corretamente. Ao erigir um monumento à história da literatura brasileira, Nejar esculpe uma crítica da literatura brasileira do ponto de vista histórico. Sendo uma história crítico-criativa da literatura brasileira, ela traz consigo um panorama político e cultural do Brasil. Desrespeitando a pretensa reserva de mercado da história das ideias, Nejar invade com autoridade intelectual o terreno do qual, além de inquilino, é também proprietário. O meio universitário da literatura certamente sentiu como uma ameaça um artista escrever a melhor história da literatura brasileira. Os críticos literários universitários vivem das obras dos poetas, mas têm dificuldades em aceitar que estes escrevam como críticos. Todo grande artista é um grande crítico, escreva ele ou não. Sem a frieza das histórias comuns, a história nejariana rompe com a burocracia e traz a literatura para o coração e deste para o cérebro. Em Nejar, o sentir e o pensar estão unidos em dialética extremada. Cada um é mediatizado pelo outro, crítica e historicamente. O fetiche da metodologia desfaz-se como gelo. Nejar é a sua própria metodologia. Não precisa de outra. Quem não tem a sua contenta-se em elogiar as alheias. A *História da Literatura Brasileira* é também manifesto literário. Algo jamais visto desde o início do Modernismo brasileiro. Uma história com sentimentos. O humanismo crítico da história nejariana o conduz para ser apreciado pelas pessoas que ainda são capazes de amar. Uma história com lágrimas, conceitos, sentimentos, teorias. E seres vivos: autênticos.

ONTOESTÉTICA DO IDOSO 13

A Miguel Reale

Introdução

A contemporaneidade assiste a uma verdadeira revolução relativamente à história cultural das mentalidades no que concerne à dignificação das diversas etapas da vida humana, da infância à velhice. Durante milênios a humanidade conviveu com inúmeras formas culturais e sociais de preconceito, discriminação e hostilização generalizadas, sem que isso causasse constrangimentos éticos às culturas e às civilizações. Gradativa e lentamente, a humanidade foi integrando a todos no corpo da sociedade, e a nossa época foi a que mais honrou as muitas etapas da vida, apesar de encontrarmos ainda muitos obstáculos a uma humanização completa dessas relações internas da sociedade quanto ao convívio das diversas camadas etárias que a compõem. A contemporaneidade procura cada vez mais acentuar as singularidades das etapas da vida humana, concedendo a cada uma delas um estatuto social dignificado.

Ao abordar os aspectos filosóficos que cercam a problemática do idoso, inevitavelmente somos levados à questão do ser, visto que a finitude da vida deixa de ser uma possibilidade e passa a ser uma certeza descortinada pelo tempo. Ser e tempo estão irremediavelmente entrelaçados na reflexão sobre o idoso. O ser idoso nos remete a uma verdade da vida que foi sendo paulatinamente confirmada. A idosidade,[1] ou velhice,[2] nos convence que a medida do mistério não nos foi dada por antecipação, que, somado o fato de nos convencer pelas evidências estéticas, ela é também uma descoberta. E uma oportunidade. Avançar na idade é uma descoberta do valor do mistério da vida, que se desvela a cada instante. A obviedade aparente da vida conforme os padrões da juventude vai perdendo força à medida que o tempo passa, a idade avança e o mistério se aprofunda. A obviedade aparente da vida vai cedendo lugar à obviedade do mistério da vida. O mistério é óbvio, mas isso não explica nem resolve o mistério. Ao contrário, o aprofunda. Dá-se então a oportunidade de viver o mistério, senti-lo no dia a dia, desvelar o paradoxo do mistério. A oportunidade da visão do paradoxo do mistério já é uma conquista importante. Indica uma libertação da reificação causada pela sucessão de pequenas obviedades cultivadas ao longo da vida. Mergulhar no mistério é o começo da redenção. Todo ser humano encontra-se diante da oportunidade de encontrar um sentido na vida, e mais ainda de construir um sentido para a vida plasmada no mistério. A permanência do sen-

---

1 Idosidade é um neologismo criado por mim para designar o caráter e a condição de ser idoso. Por mera coincidência, o sufixo idade cai como uma luva junto a idoso, como que também designando a idade idosa.
2 Velhice é uma palavra detestada pela onda politicamente correta, que prefere os eufemismos a chamar as coisas pelo nome. Cego, por exemplo, ninguém mais é, pois agora encontraram a pérola "portador de deficiência visual".

timento de obviedade no idoso representa um endurecimento da reificação e a manifestação mais contundente das insuficiências do espírito.

A ontoestética do corpo

Do ponto de vista ontológico, a idosidade do corpo é a verdade do devir. Nada simboliza mais a velhice que a imagem da perda substantiva dos aspectos mais sensíveis do corpo. Ontologicamente, a estética do corpo é a mais representativa. Se a juventude vem associada ao belo, a velhice vem colada ao feio. A ontoestética física do idoso é a confirmação do mistério do tempo, do tempo de vida, da vida no tempo.

Ser é devir. Somos simultaneamente os mesmos e outros desde a concepção até a morte. Somos sempre a mesma pessoa que sofre mudanças, e tornamo-nos a pessoa que queremos e podemos ser, ou mesmo que nos deixam ser, baseados na pessoa que nos fizeram ser na infância e na puberdade. O devir do corpo é devir estético. O corpo é sempre o mesmo e outro. A velhice é a fase final do devir sobre a Terra, e a morte, a sua fronteira.

A expressão formal da idosidade se caracteriza pela estética do corpo. O devir ontológico se expressa pela forma do corpo, e este é a imagem mesma da transformação ontológica. A vertente física da ontologia do idoso tem na forma do corpo as cicatrizes do devir. O corpo do idoso é a logomarca ontológica, o selo do tempo. A expressão por excelência da ontoestética do idoso. Sua face mais evidente.

É na face ontoestética que se captura toda a semiologia do idoso. O devir estético alcançado pelo idoso é prenhe de sinais físicos que compõem o acervo da vida. A transformação do corpo é uma dura lição do devir, da finitude, da fisicidade, como que nos quisesse indicar o caminho de Deus, com o fim do tempo e a participação na eternidade. O fim da forma física é o começo da forma eterna. No cristianismo a futura vida eterna tem um corpo físico jovem – quem sabe, eternizar-se com a estética dos 33 anos? –, indicando que a velhice não é a imagem da humanidade salva, mas a da humanidade do pecado original. A velhice conclui o percurso do sofrimento inerente ao pecado original. É o fim forçado da soberba.

Seja no tempo ou na eternidade, a vida tem forma. A forma eterna é a beleza eterna absoluta à imagem e semelhança da beleza de Deus. Deus é a forma onipotente e a não forma. O Filho na Santíssima Trindade assumiu a forma humana. Deus fez-se forma para salvar a forma humana. Há uma dimensão estética na Redenção. O Filho fora do tempo fez-se tempo, logo, forma. Assim, tempo e forma são indissociáveis. Essa forma, contudo, é finita, pois causada no tempo. Na eternidade como ausência de tempo a forma não desaparece, mas, sim, a morte da forma. Se o tempo não muda, a forma tampouco. Deus nos fez à sua imagem e semelhança, e Ele mesmo se fez à nossa imagem e semelhança ao decidir vir habitar entre nós. Ao morrer pela humanidade, Jesus Cristo percorre o caminho da finitude para esgotá-la e destruí-la.

A idosidade é a expressão máxima da ontoestética humana. Ser é forma. Eu sou ontoesteticamente a forma do meu corpo. Desde sempre o corpo é forma, a humanidade como tudo é forma. Entretanto, na velhice a estética do corpo é a mais marcante de todas as fases da vida individual. Eu sou o que meu corpo é, o que meu corpo diz que eu sou. A forma idosa que expressa ontoesteticamente a velhice do corpo representa também a fase aguda das falhas do sistema de saúde individual, quando os órgãos começam a apresentar fadiga de uso. O tempo desgasta o prazo de validade dos órgãos, sinalizando o percurso gradativo até a morte. A perda substancial do corpo saudável ou do corpo belo está associada automaticamente ao ser mesmo do idoso. Ser idoso é esteticamente o ser físico demonstrar coerência. O tempo é estético. Cada momento da vida vem acompanhado de uma representação estética do ponto de vista físico. O ser é estético. Cada fase da vida encontra a sua adequação estética.

O avanço da idade representa um retrocesso nas capacidades físicas do indivíduo, e essa condição é fator de angústias, pois ao mesmo tempo crescem a consciência dos limites do corpo e o anúncio prévio e gradativo da morte. A limitação dos movimentos, a perda substantiva da força, a diminuição das capacidades mentais em geral e o desânimo psicológico remetem os idosos a uma outra condição da ontoestética do corpo. Todas essas condições são acompanhadas das condições estéticas propriamente ditas, com o envelhecimento do corpo pelas mudanças visuais da pele, o aparecimento de rugas e manchas etc. É preciso uma nova sabedoria para conviver com as novas realidades físicas e psicológicas que vão se somando com o passar do tempo.

A problemática do belo e do feio sofre uma mudança axiológica, pois com o passar do tempo os valores da beleza que antes eram como que absolutos agora são relativos, pois estão muito alargadas as fronteiras da experiência. O repertório da experiência, as dores da vida, os sofrimentos acumulados e o conjunto de alegrias diversas e de felicidade são fatores de ruptura de valores até então considerados inamovíveis. As duras experiências sentidas pelo corpo fazem com que à fragilidade física corresponda a fragilidade da alma, quando o coração humano vai amolecendo e cedendo lugar a valores mais elevados. A corrupção do corpo pelo tempo remete o idoso a uma ontologia da finitude e da fragilidade. Crer no corpo, mas não como um absoluto. A mortalidade do ser físico deve aprofundar a dimensão metafísica do homem.

A ontoestética da alma

A alma desde há muito é um tema nobre na filosofia e nas religiões. Ela vem acompanhada da ideia de imortalidade, pois a crença na existência da alma quase que automaticamente prevê a noção de sua imortalidade. Não nos interessa aqui comentar a história do conceito de alma, mas objetivarmos o nosso próprio conceito sinteticamente, sem maiores pretensões. A nossa perspectiva é a de uma alma que não morre com o corpo, mas nasce ou surge no momento da concepção, quando materialidade e imaterialidade se unem para formar o ser humano. Nesse sentido a alma nasce, mas não morre. Não seria eterna, pois teve início, porém, imortal. Ela acompanha a evolução biológica e vive um paradoxo de não ser corpo e simultaneamente só passar a ser no nascimento daquele no momento da concepção, como também evoluir sem evoluir propriamente.

Se a alma nasce na matéria, sua condição imaterial não sofre alteração em função disso. Porém, morrendo a matéria, o corpo, ela permanece destinada à imortalidade. O corpo evolui, mas a alma se mantém íntegra. Entretanto, apesar disso, ontologicamente podemos admitir a liderança da alma ao longo da vida, elemento que as religiões indicam como objeto do juízo de Deus ou dos deuses, conforme o caso. Pensamos na hipótese de que a alma tenha estabilidade e se mantenha em perfeita igualdade consigo mesma. Entretanto, se a alma é estável, ela não é imutável, pois se o fosse não estaria sujeita a nenhum juízo posterior de Deus. Ela é estável na sua imaterialidade, porém mutável em sua espiritualidade. A alma muda segundo a decisão humana. O conjunto de decisões imporá a vida que se leva sobre a Terra e que será objeto do juízo divino. Sendo assim, a alma também envelhece, ainda que como simples acompanhamento do corpo ou como metáfora. A alma é fiel depositária da vida que se levou, armazenando todos os dados segundo as obras de cada um. Entretanto, como pode a alma ser imortal e ao mesmo tempo envelhecer, tornando-se uma alma idosa? A alma é paradoxal. Por um lado, a imortalidade lhe garante uma estabilidade, ainda que imaterial, pois à imagem e semelhança de Deus, mas por outro ela muda conforme as decisões humanas individuais, sendo o elemento sensível por excelência. Essa última face da alma envelhece segundo o corpo. Segundo o tempo e seguindo o tempo. A alma é sensível ao tempo durante o tempo em que o corpo viver no tempo. No cristianismo haverá, após a morte, renovação da alma e do corpo na vida eterna em Jesus Cristo, por meio da ressurreição. Fora do tempo a alma não envelhecerá.

Há uma identidade absoluta entre alma e ser, o que nos leva a admitir uma ontoestética da alma, pois não há nada sobre a Terra que não seja forma e que não possa ser pensado esteticamente. Se a alma envelhece, à imagem e semelhança do corpo, significa que ela também tem uma trajetória estética sinuosa, com variações espetaculares ao longo da vida. As decisões da alma são também interpretadas como sendo de gosto. A alma idosa é um bem da sociedade. A idosidade da alma contribui para a construção de uma sociedade de equilíbrio. A imortalidade da alma é regida pela temporalidade da vida humana esgotada na morte. Ela morre parcial e metaforicamente com a morte do corpo. Digamos que a sua face mortal acompanha a mortalidade do corpo, e a sua eternidade, ou definitiva imortalidade no cristianismo, dependerá do juízo de Jesus Cristo. Este, contudo, julgará igualmente os que se encontrarem vivos no momento do Seu retorno, o que significará uma interrupção instantânea na condução conteudística que cada pessoa apresentar até aquele momento.

Assim, a alma é o ser mesmo do homem, a sua essência, sem menosprezo do corpo. Este, ainda que hierarquicamente no plano dos valores seja menor que a alma, pois morre, não pode ser pensado sem a alma já que o ser humano foi criado em perfeita integração e unidade de ambos. Há uma unidade ontoestética do corpo e da alma, mesmo que possamos pensá-los separadamente. Essa é uma contradição que precisa ser mantida e explorada. Só Deus seria capaz de criar tamanho paradoxo, e somente por Ele somos capazes de achar tudo isso muito natural.

A ontoestética do espírito

Nós entramos agora em um domínio assaz sutil, pois as diferenças conceituais entre alma e espírito não são evidentes. A primeira razão é que a rigor a alma é espírito, já que não é corpo. Poderíamos até falar em um corpo da alma. Desse modo, a alma é a sede da espiritualidade, a morada do ser enquanto tal. A que dá vida ao corpo, materializando-se no corpo e preservando-se imaterial da mesma maneira, visto que com a morte do corpo ela permanece viva. Essa vida, contudo, só se manifesta na concepção humana de caráter orgânico, logo, como corpo. A alma, nesse sentido, é chamada a manifestar-se espiritualmente porque há um corpo que a aceita. Se ela nasce no corpo humano recém--concebido ou a ele preexiste e nele se manifesta por ocasião da concepção, a nós ainda é um mistério. O fato por nós percebido como realidade empírica é que se há anterioridade da alma na temporalidade com relação ao corpo dela ainda não temos provas suficientes, mas que somente no corpo e enquanto corpo ela se manifesta, e depois da morte do corpo ela fica preservada na imortalidade, disso temos inúmeras provas de fé e de razão.

A ontoestética a que me refiro como do espírito deve ser entendida como a expressão da alma, e não como a própria alma. É uma qualidade da alma antes que ela mesma. O espírito em questão é o diretor de toda a vida como manifestação da razão, da imaginação criadora e todas as demais faculdades humanas. Não é o espírito no sentido religioso como no cristianismo, relacionado ao Espírito Santo. Fazemos aqui um uso filosófico do termo espírito. Edmund Husserl afirmou certa vez que a divisão entre ciências da natureza e ciências do espírito não deve nos fazer esquecer que, se nessas últimas o espírito predomina em tudo, naquelas, apesar de o espírito não ser objeto nem fim, elas só são possíveis porque há um espírito que as conduzem, pois o ser humano é espírito sempre como causa primeira, independentemente das finalidades para as quais o espírito se volta. O que nos interessa em nosso caso é o espírito como condutor das atividades humanas enquanto produto das diversas faculdades. O espírito faz a ponte entre a realidade humana e a divina.

Ontoesteticamente, o espírito é expressão pura das faculdades humanas. A mente humana enquanto tal é a sede do espírito. Alguns poderiam se perguntar se a alma não teria sede igualmente na mente. A alma tem no espírito um veículo de transmissão do Espírito de Deus. Em termos humanos, o espírito, filosoficamente falando – é bom frisar que estamos teorizando no plano filosófico e não teológico, mesmo que recorramos a aspectos da religião principal ou somente cristã –, é o condutor das atividades filosóficas, científicas, artísticas, esportivas e todas as demais delas decorrentes, em todas as profissões. O espírito é criador por excelência em quaisquer atividades humanas. Há um caráter inato do espírito assim como um caráter adquirido. A vocação do espírito se desenvolve com a aquisição de conhecimento ao longo da vida. Todas as faculdades se exercitam e se desenvolvem em níveis diferentes em cada pessoa e variam de pessoa para pessoa. Os aspectos sociais vão introduzir variáveis significativas não somente quanto ao comportamento social, mas sobretudo no que concerne ao efeito dessas variáveis sobre a psique individual. O espírito define o estilo do homem em todas as atividades. Ele é a expressão mesma da alma individual. O espírito se apresenta qualitativa e quantitativamente. Com o passar dos anos até a idosidade, o espírito vai ganhando mais e mais sabedoria. Ontologicamente, há uma estética, uma economia, uma antropologia e uma psicologia do espírito no idoso que só a ele pertence, visto que é preciso toda uma acumulação crítica da experiência, que necessita de um conjunto de erros e acertos, idas e vindas, avanços e recuos ao longo da vida. Certa vez um filósofo antigo afirmou que o jovem não deve se achar melhor que o idoso só porque é jovem: se for jovem, provou muito pouco do que é capaz e ninguém sabe se será um vencedor quando for idoso, e ainda por cima nem sabe se chegará a ser idoso para ser julgado pela humanidade, pois pode morrer muito antes; ao passo que o idoso, só por ter sobrevivido, provou que é um exitoso, independentemente do que fez no decurso da vida.

A tendência inata ao homem é o aprimoramento ontoestético que chega a níveis de excelência na idosidade. Essa afirmação não contém nenhum juízo moral, visto que a excelência pode ser para o bem ou para o mal. Estamos nos referindo ao plano do espírito enquanto tal, observando que essa força interior motiva toda ação humana, seja no plano intelectual, seja no plano prático. O aprimoramento ontoestético do espírito na idosidade tem um caráter qualitativo que encontra resistências nas tendências regressivas da decadência do corpo e das capacidades em geral. Contudo, com o avanço das pesquisas de tecnologia médica no mundo contemporâneo, cada vez mais esse prazo de possibilidade do exercício do espírito fica dilatado. Esse fato compensaria as perdas nos outros domínios. Domínios esses que também, por sua vez, estão se estendendo em função, por exemplo, das respostas no campo da Educação Física e da Fisioterapia, que estão preparando a entrada na idosidade com uma condição física que a humanidade jamais conheceu.

O sedentarismo do espírito faz tão mal à saúde quanto o sedentarismo do corpo. A inatividade do espírito pode acarretar inúmeras consequências no plano físico. A contemporaneidade incorporou a idosidade como uma fase, como outra qualquer da vida humana, na qual devemos continuar a desenvolver diversas atividades mentais, valendo-nos da imensa experiência acumulada e extraindo um enorme proveito daquelas atividades. Mesmo após a aposentadoria, que é um mero ato formal da vida de uma pessoa, e não o fim da pessoa, o adulto poderá iniciar ou continuar certas atividades. A vida se renova a cada dia, e a cada fase pode ser reinventada a cada momento. E em cada fase ou momento adaptar-se-á o adulto às atividades segundo as suas condições físicas, seus interesses renovados, a sua motivação em ser útil e demais possibilidades volitivas. O movimento permanente do espírito age em conjunto com o movimento do corpo.

Assim, a preservação da dignidade do idoso passa necessariamente pela dignificação do espírito, levando-o a uma plena ontoestética do espírito, mantendo-se a vida em equilíbrio em função da dignidade conjunta dos diversos planos da vida.

Concluindo, observamos que todas essas manifestações da vida renovadas pelas atividades permanentes do adulto idoso foram incorporadas na nova construção da cidadania contemporânea. A cidadania plena deve concernir todos os aspectos parciais da ontoestética do idoso, formando a totalidade ontoestética que seria uma fiel imagem da dignidade completa do ser.

ENIGMA E CONTRADIÇÃO ESTÉTICA EM ADORNO

14

Para Olivier Revault d'Allonnes, *in memoriam*.

Enigma em Platão e Adorno

Platão descobriu o caráter enigmático da poesia, ainda que menos como arte individual humana que como uma expressão divina das Musas. A poesia é uma resposta enigmática das Musas através do transe do poeta, como mania, a loucura ou delírio transitório derivado da mediação do poeta escolhido pelas Musas. Nisso não haveria nenhum mérito pessoal do poeta, mero instrumento das Musas. Segundo Platão, o poeta fala por enigmas, como em Homero: "Somente, meu incomparável amigo, nosso poeta, tanto quanto os outros com pouca diferença, fala por enigma: com efeito, é um caráter natural por toda a poesia em bloco de ser enigmática; e não cabe ao primeiro qualquer um de compreender o que ela quer dizer! (c)" (*O segundo Alcebíades*, 147b).[1] No *Hipias Maior*, diálogo do jovem Platão, a indagação sobre o enigma do Belo o conduz à pergunta sobre a essência do Belo. A essência é um

---

1 PLATON. *Œuvres Complètes II*. Paris: Gallimard, 1950. p. 1255.

enigma. Ao procurar solucionar o enigma, Platão se deixa conduzir à essência do Belo e desta, no futuro, à Ideia. O mundo das Ideias como concepção é posterior a *Hipias Maior*, que de uma certa forma ao indagar sobre a essência do Belo como que antecipa em sua intuição a posterior formulação conceitual das Ideias. Um enigma soma-se a outro: por que a indagação sobre o Belo foi possivelmente aquela que fez Platão chegar ao mundo das Ideias? A poesia é um enigma lançado pelas Musas. O *quidam* (zé ninguém) platônico é o beócio adorniano, ambos incapazes de atingir a profundidade poético-artística pela incapacidade de se confrontarem com o enigma da arte. No entanto, contrariamente a Platão, Adorno vê no enigma a imagem da inexauribilidade da obra de arte, ainda que submetida a sucessivas interpretações.

No mesmo e complementar sentido, Platão considera a arte uma expressão da razão, e não da desrazão, e com isso afasta a poesia da arte: "Mas eu, eu recuso o nome de arte ao que é um modo irracional de atividade, e se é disso que você discute, eu estou totalmente pronto a te apresentar uma justificativa" (*Gorgias*, 465a).[2] Com efeito, as artes plásticas exigem racionalidade instrumental pelo uso e habilidade das mãos, algo inexistente na poesia. A poesia além de irracional é estranha ao espírito criador humano, que se limita a transmitir a mensagem das Musas.

Em Adorno, o enigma ganha uma outra dimensão. O enigma é teleológica e esteticamente inerente à obra de arte. O enigma é o elemento que resiste à racionalidade e está presente em todas as obras, independentemente da forma de expressão. Assim, "a estética não deve compreender as obras de arte como objetos herme-

---

2 *Ibidem*, p. 400.

nêuticos; na situação atual, o que seria preciso compreender é a sua inteligibilidade".[3] As obras de arte não são facilmente desveladas pois os enigmas ou os conjuntos constelacionais de enigmas multiplicam as contradições, os paradoxos e as ambiguidades, que não se prestam a nenhum tipo de facilidade hermenêutica segundo a qual o sentido da obra estaria à espera de uma simples iniciativa científica. A ininteligibilidade da arte é o seu fundamento essencial, que resiste sempre às tentativas de esgotamento racionalista do sentido. A linguagem da arte esconde secretamente o caráter polissêmico através da exposição concreta da sua aparência estética. O seu segredo é expor o que pode ocultar sem expor.

Enigma na arte e na filosofia da arte

Para Adorno, "todas as obras de arte, e a arte em geral, são enigmas. A teoria da arte sempre se irritou com isso. O fato que as obras de arte dizem alguma coisa e ao mesmo tempo a escondem situa o caráter enigmático sob o aspecto da linguagem."[4] É da contradição mesma da arte o jogo de esconde-e-revela através da linguagem. O enigma é a expressão do mistério da criação. O enigma é contradição estética. Ou, também, o enigma é a contradição estética. A teoria convencional da arte fica irritada por aquilo que não consegue controlar e dominar por completo o sentido. Sua insegurança se revela diante do enigma secretamente

---

3   ADORNO, Theodor W. *Théorie Esthétique*. Trad. Marc Jimenez. Paris: Klincksieck, 2011. p. 170.
4   *Ibidem*, p. 173.

habitando nas contradições da obra de arte. Na estética de Adorno, a escrita em parataxe é aquela que alcança por aproximações sucessivas, gradativas e quase hierárquicas a enigmaticidade da obra de arte ao filosofar em linguagem por sua vez também enigmática. A escrita paratática é o enigma da filosofia. A logicidade da hipotaxe filosófica da estética poderia significar um esvaziamento do enigma da obra de arte. A linguagem hipotática mesma operaria uma redução semântica das contradições e ambiguidades inerentes à obra de arte avançada. Segundo Adorno, "ainda que as obras de arte não sejam nem conceitos, nem juízos, elas são lógicas. Elas não teriam nada de enigmáticas se sua logicidade imanente não reencontrasse o pensamento discursivo do qual, entretanto, elas sempre enganaram os critérios."[5] O enigma remete ao que não é ele, ao seu outro, a lógica discursiva. E, assim, por efeito paradoxal, o enigma se encontra naquilo que não é ele, mas sem o qual ele não poderia ser reconhecido. O enigma artístico frustra a lógica do pensamento discursivo que gostaria de poder continuar a dominar a arte. Marc Jimenez, autor de uma obra até o momento a mais importante sobre a estética de Adorno, esclarece que "expressão da subjetividade e tendência destrutiva dirigida contra a convenção linguística, a linguagem paratática funciona igualmente como princípio estilístico, momento objetivo na luta do sujeito-poeta contra a conceitualização e o primado do sentido (*Primat des Sinnes*), um sentido tradicionalmente confiscado pela lógica hipotática da linguagem dominante. A parataxe erigida em princípio estilístico priva a linguagem convencional de seu mono-

---

5   *Ibidem*, p. 193.

pólio semântico."⁶ Marc Jimenez com propriedade e sensibilidade, afirma que "Adorno prolonga a espera das obras. Que as grandes obras esperem sua interpretação significa que seu desejo de eternidade não poderia ser satisfeito por uma explicação qualquer totalizante. Mônada sem janela, fechada em seu enigma, a obra impede as tentativas visando reduzi-la à sua mensagem. Ao reivindicar a temporalidade, e portanto a finitude, ela renuncia ao estatuto privilegiado que lhe concede a ideologia da cultura. Da *parataxe*, modelo musical de interpretação, Adorno espera que ela perpetue o enigma, e não que ela o resolva, caindo na ilusória posse de um conteúdo."⁷ As contradições estéticas têm no enigma um abrigo natural onde possam se manter em segredo, mesmo levando-se em conta que as contradições são em si mesmas enigmáticas.

Enigma como antikitsch e o paradoxo da inteligibilidade

O enigma afasta a arte das facilidades da indústria cultural e do *kitsch*, mas, por efeito da dialética intrínseca à criação artística, "a arte, em seu conceito, implica sempre o *kitsch* de tal maneira que – esse é o aspecto social deste estado de fato –, encarregada de sublimar este aspecto, ela pressupõe o privilégio do acesso à cultura por alguns e as relações de classes; em contrapartida, a arte sofre a punição que representa a brincadeira da indústria cultural. Contudo, os elementos de bobagem nas obras de arte são

---

6   JIMENEZ, Marc. *Adorno et la modernité* – vers une esthétique négative. Paris: Klincksieck, 2011. p. 232.
7   *Ibidem*, p. 223.

muito próximos das suas camadas não intencionais e, por esta razão, constituem nas grandes obras de arte o seu segredo."[8] A comicidade é inerente ao momento lúdico de toda arte, assim como, na concepção adorniana, o *kitsch* também o é. Flertar com o *kitsch* é a condição de escapar dele. Em toda criação o *kitsch* aparece como uma sombra a nos perseguir, e o êxito ou fracasso da obra de arte depende em muito dessa habilidade em driblar a sombra do *kitsch* antes que sucumbir à sua sombra. O núcleo cômico da arte estaria presente em toda a arte enquanto levíssima marca-d'água do lúdico original como segredo de artista. Os enigmas da obra de arte afastam intencional e intuitivamente o público do segredo original da arte. O código secreto dos artistas é tão mais secreto quanto maior o gênio. Gênio é segredo.

Assim, Adorno avança afirmando que "no elemento palhaçal, a arte se recorda com satisfação da pré-história no mundo primitivo animal. Os macacos antropomorfos do zoológico executam em comum o que parece atos palhaçais. A cumplicidade entre as crianças e os palhaços é uma cumplicidade com a arte, conivência que lhe é recusada pelos adultos, e tanto quanto uma conivência com os animais. [...] A linguagem das criancinhas e a dos animais parecem ser somente uma. Na semelhança dos palhaços com os animais se ilumina a semelhança humana dos macacos: a constelação animal-louco-palhaço é um dos fundamentos da arte."[9] Aqui temos uma forma de segredo estabelecido na adorniana constelação animal-louco-palhaço, e a esse segredo a arte dá continuidade inconsciente não somente na ludicidade

---

8   ADORNO. Op. cit., p. 171.
9   *Ibidem*, p. 172.

extrema do gênio mas igualmente no que esta abriga de enigmas. Todo enigma é um jogo. Decifra-me ou devoro-te, pois essa é a condição de ficar dentro ou de fora do jogo estético-artístico. A linguagem da arte seria uma soma qualitativa da linguagem das crianças, dos loucos e dos animais associada à linguagem *sui generis* da própria arte. Com efeito, conclui Adorno, "aquele para quem a arte não é – como para o estranho à arte – um prazer, ou como para o conhecedor, um estado de exceção, mas a substância de uma experiência própria, dificilmente pode se surpreender com o caráter enigmático."[10] De uma certa forma, esse inconsciente cultural é um segredo da arte. O enigma estético é o assombro da arte. A arte é do domínio do princípio do prazer e não do princípio de realidade, pois aquele acumula e incentiva o enigma das contradições, ao passo que este destitui e impede as contradições do enigma. Desta feita, em Adorno, "o estudo dos beócios seria interessante: neles, o caráter enigmático da arte tem por resultado a negação total da arte, tornando-se inconscientemente crítico extremo dessa arte enquanto conduta defeituosa, suporte de sua verdade. É impossível explicar a beócios o que é a arte, eles não poderiam, na sua experiência viva, fazer intervir a compreensão intelectual. O princípio de realidade é neles de tal forma predominante que simplesmente impede a atitude estética, e incentivado pela aprovação cultural da arte, o beocismo frequentemente se converte em agressão, e esta manifestamente empurra a consciência universal rumo a uma desestetização da arte."[11] O enigma causa um transtorno estético de tal ordem que o beócio

---

10   Ibidem, p. 172.
11   Ibidem, p. 173.

busca o caminho mais fácil do juízo estético, que é fingir que ele não existe, negá-lo ou dissimulá-lo. No limite, agredir, como temos inúmeros exemplos. A recusa da aceitação do enigma custa a desestetização da arte. Uma arte esvaziada de si mesma. Com efeito, a obra de arte se reconhece pelo que resiste à compreensão racional, e Adorno lembra que: "pode-se, entretanto, reconhecer a importância do caráter enigmático lá onde ele inexiste. As obras que se revelam sem resíduo ao olhar e ao pensamento não são obras de arte. O enigma não tem nada a ver com uma palavra mágica, como o é o mais frequente, o termo *problema*, que não deveria ser usado em estética que no sentido estrito de problema posto pela constituição imanente das obras. Estas não são menos estritamente enigmas."[12] O esgotamento de sentido estético é estranho às obras autênticas, que têm no enigma seu conteúdo de verdade, ou, ainda, o conteúdo de verdade remete ao enigma. De fato, o enigma é o que resiste à compreensão por completo e se afasta ou desaparece como desafio. Para Adorno, "ser competente em arte significa ao mesmo tempo compreensão adequada da arte e incompreensão limitada do enigma, atitude neutra frente àquilo que está escondido. Aquele que se contenta em compreender alguma coisa na arte dela faz qualquer coisa evidente, o que a arte não é de jeito nenhum. Aquele que procura se aproximar do arco-íris o vê desaparecer diante dele. O exemplo típico disso, antes de todas as outras artes, é o da música, que é simultaneamente enigma e coisa muito *evidente*. Não há que resolver o enigma, trata-se somente de decifrar sua estrutura, e é precisamente aqui o fato da

---

12 *Ibidem*, p. 174.

filosofia da arte."[13] Não sendo a arte uma evidência, a abordagem do contemplador da arte letrado pela filosofia da arte deve levar em conta a impossibilidade de um esvaziamento do sentido. Essa postura de aceitação da irresolução do enigma como intrínseca à natureza mesma das obras de qualidade altera profundamente o comportamento interpretativo. É por meio de um conjunto de mediações estéticas que se faz possível uma relação apropriada com a arte. Arte é irresolutamente enigmática. Desse modo, completa Adorno, "o caráter de ininteligibilidade que se reprova muito nas obras de arte herméticas é a confissão do caráter enigmático de toda arte [...]. Geralmente, as que são compreendidas e aprovadas pela tradição e pela opinião pública se retiram sob sua camada galvanizada e tornam-se totalmente incompreensíveis. As que são manifestamente incompreensíveis, que sublinham seu caráter enigmático, são potencialmente ainda as mais compreensíveis."[14] Eis o paradoxo da inteligibilidade.

O enigma é a determinação do indeterminado. A racionalidade das obras é subordinada à imaginação criadora com todas as contradições, paradoxos, conflitos e enigmas. A seguir Adorno, "as obras de arte dividem com os enigmas a ambiguidade do determinado e do indeterminado. Elas são pontos de interrogação, e mesmo sua síntese não é unívoca. [...] Como nos enigmas, a resposta fica silenciada e simultaneamente levada à força pela estrutura. A lógica imanente, o aspecto legal da obra serve precisamente a isso, e constitui a teodiceia do conceito de finalidade na arte. A finalidade da obra de arte é a determinação do indeterminado.

---

13 *Ibidem*, p. 175.
14 *Ibidem*, p. 176.

As obras têm a sua finalidade nelas mesmas, sem fim positivo para além da sua estrutura interna, mas seu caráter de finalidade se legitima como figura da resposta ao enigma."[15] O enigma é uma encruzilhada de ambiguidades como dialética do determinado e do indeterminado. Com efeito, o artista radicaliza o determinado no seio mesmo da indeterminação. O jogo enigmático dá-se na constelação da queda livre na indeterminação que, contudo, precisa objetivar-se pelas mediações da determinação paradoxal. Determinamos ao máximo o que é indeterminado. A teleologia da arte consiste na penetração determinada do indeterminado. Eliminar o enigma é eliminar o destino autotélico da arte.

A enigmaticidade é o que mantém a obra de arte na sua imanência concreta. Para Adorno, "a enigmática das obras de arte é o seu caráter fragmentário. Se a transcendência estivesse presente nelas, elas seriam mistérios, e não enigmas; são enigmas, pois, enquanto fragmentários, eles desmentem o que elas, contudo, gostariam de ser. [...] Entretanto, a arte mantém uma relação mediata com o espírito – esta parte de racionalidade – na medida em que ela elabora mimeticamente seus enigmas – exceto que a arte não possui a solução, o espírito opera no caráter enigmático, e não nas intenções. É verdade que a prática dos artistas importantes apresenta uma afinidade com o enigma, e o fato que durante séculos os compositores tiveram prazer em utilizar cânones enigmáticos testemunha isso. [...] Nesse medida, o caráter enigmático não constitui a última palavra das obras, ao contrário, toda obra autêntica propõe igualmente a solução de seu insolúvel enigma."[16] Se

---

15 *Ibidem*, p. 178.
16 *Ibidem*, p. 181-182.

arte fosse somente intenção ela decretaria sua própria morte, pois o resultado seria secundário. Enigma é forma. Somente a forma pode dar conta do caráter enigmático da arte. O enigma se manifesta na forma, e não fora dela como mistério, como abstração. Fora da forma não há arte, pois o enigma, ainda que latente, não se manifesta. Arte é manifestação formal do enigma.

Por fim, do enigma da arte, assegura Adorno, "falta a chave, como ela falta igualmente para os escritos de numerosos povos desaparecidos. A forma a mais extrema sob a qual pode ser pensado o caráter enigmático é de saber se o próprio sentido existe ou não, porque nenhuma obra de arte existe sem sua coerência por mais que ela se converta em seu contrário. [...] Toda obra de arte apresenta um caráter enigmático diferente, mas como se, entretanto, a resposta, tal como a da Esfinge, fosse sempre a mesma, ainda que somente seja através da diversidade e não da unidade que o enigma promete, talvez falaciosamente. Saber se a promessa é um engano constitui o enigma."[17] O artista autêntico joga no rio a chave do enigma. De resto, uma chave que tampouco ele mesmo fez uso, pois nem ele tem o domínio por completo da criação. Esta conscientemente faz uso da extrema determinação para expor, por extrema indeterminação, o inconsciente enigmático. A rigor, ninguém tem a chave. O artista cria, mas não exerce o absoluto da obra de arte. Caso pretendesse dominar conscientemente o absoluto da obra, ela já começaria extinta em sua enigmaticidade e o resultado seria o *kistch* mais vulgar. A contradição estética é enigma. O enigma é o delírio da razão estética.

---

17 *Ibidem*, p. 182.

MONTAIGNE ET LE PARADOXE DE LA BARBARIE
LE ROYAUME DES CANNIBALES ET LES CANNIBALES DU ROYAUME

15

Montaigne fundou uma nova perspectiva da filosofia da cultura através de uma visão antropológica comparativa iniciada a partir da sua constatação estupefata do paradoxo da barbárie decorrente do confronto entre o Reino dos Canibais, terra do pau-brasil, e os Canibais do Reino, terra francesa e europeia, destino do pau-brasil. São indicações e contribuições penetrantes do que poderíamos chamar de uma antropologia cultural filosófica. É altamente relevante e comprobatório o fato que o seu texto de caráter fragmentário inicia com a crítica do conceito de barbárie tal como chegara até ele, e as próprias dúvidas do Rei Pirro e Filipe, que, surpresos com a sofisticada organização militar romana, tomaram consciência de que o tradicional uso do termo bárbaro para todos que não fossem gregos havia se esgotado. Montaigne legitima a relativização do uso do termo barbárie, agora não somente pela via militar, mas pela confrontação das culturas, *mores*, costumes, comportamento e práticas políticas, econômicas, sociais, ideológicas, étnicas e demais atividades da sociedade. Assim, afirma ele: "*Quand le roi Pyrrhus passa en Italie, après qu'il eut reconnu l'ordonnance de l'armée que les Romains lui envoyaient au-devant: Je ne sais, dit-il, quels barbares sont ceux-ci (car les Grecs appelaient ainsi toutes les nations étrangères), mais la disposition de cette armée que je vois, n'est aucunement barbare". Autant en dirent les Grecs de celle que Flaminius fit passer en leur pays et Philippe, voyant d'un tertre l'ordre et distribution du camp romain en son royaume, sous Publius Sulpicius Galba. Voilà comment il se faut garder de s'attarder aux opinions vulgaires, et les faut juger par la voix de la raison, non par la voix commune".*

Ao pedir que as pessoas julguem segundo a razão e não segundo o lugar-comum, Montaigne é rigorosamente moderno. O conceito de barbárie sofre uma transformação kantiana *avant la lettre*, mesmo adorniana, e sob o apelo de Montaigne a barbárie passa a ser entendida axiologicamente, ampliando a rede de valores sob os quais vivem as sociedades em geral, das mais primitivas às mais sofisticadas ou civilizadas. O esforço de Montaigne quanto à crítica da razão sobre o conceito de barbárie herdado equivale ao do Barão de Münchhausen, pois foi preciso que ele buscasse em suas próprias forças filosóficas algo que o mundo intelectual, político, econômico, científico, social e cultural francês e europeu desconhecia. O choque antropológico teve consequências filosóficas muito relevantes. A história da França, da Europa e do mundo fez cada vez mais confirmar a intuição filosófica de Montaigne segundo a qual as raízes verdadeiras da barbárie encontravam-se em outro lugar que não o herdado e comum.

A primeira crise do paradoxo entre a Europa do saber civilizado e da barbárie sofisticada é apontada precursoramente por Montaigne. A crítica de Montaigne inaugura de uma certa forma a modernidade afastada da ilusão da geometria do mundo. Definitivamente, a partir de agora o mundo da cultura não é mais simétrico, geométrico ou matemático. Todos os séculos posteriores confirmaram a suspeita de Montaigne. Os canibais brasileiros deveram a prova da intuição de Montaigne. O canibal ou primitivo "brasileiro" era mais confiável em suas narrativas que o civilizado francês ou europeu, visto que, segundo Montaigne, a acurada visão europeia acaba por trair a verdade histórica, assim como a verdade em geral. Essa crítica tem um longo alcance. Como o mais primitivo estaria mais próximo da verdade que o mais civilizado? Acaso os *abaporus*, comedores de carne humana, antropófagos em língua tupi, teriam um senso de verdade mais original e puro? Essa observação crítica de Montaigne coincide com as conclusões extraídas do vocabulário da língua tupi, por exemplo, mas presente no homem primitivo do Brasil em geral, que revela o senso moral e a seriedade da palavra associados ao sentido da verdade. Afirma Montaigne: *"Cet homme que j'avais, était homme simple et grossier, qui est une condition propre à rendre véritable témoignage; car les fines gens remarquent bien plus curieusement et plus de choses, mais ils les glosent; et pour faire valoir leur interprétation et la persuader, ils ne se peuvent farder d'altérer un peu l'Histoire; ils ne vous représentent jamais les choses pures, ils les inclinent et masquent selon le visage qu'ils leur ont plu; et, pour donner crédit à leur jugement et vous y attirer, prêtent volontiers de ce côté-là à la matière, l'allongent et l'amplifient. Ou il faut un homme très fidèle, ou si simple qu'il n'ait pas de quoi bâtir et donner de la vraisemblance à des inventions fausses, et qui n'ait rien épousé. Le mien était tel; et, outre cela, il m'a fait voir à diverses fois plusieurs matelots et marchands qu'il avait connus en ce voyage. Ainsi je me contente de cette information, sans m'enquérir de ce que les cosmographes en disent."*

No século XX brasileiro, o cacique xavante Juruna elegeu-se deputado federal pelo Partido Democrático Trabalhista – PDT, e confessou que "a política é podre". Único índio brasileiro em toda a história a alcançar um mandato político federal, Juruna dizia: "Não tinha medo de nada. Só tive medo quando vi um homem branco pela primeira vez. Eu tinha 17 anos e nunca imaginava existir outra gente que não fosse índio. Fugi. Passei muito tempo escondido no mato, longe daquela gente estranha. Mas depois recuperei e ganhei força para lutar e defender o meu povo".[1] Em narrativa inversa, o homem primitivo declara considerar "bárbaro" o homem branco, gente estranha. Do mesmo modo que os gregos consideravam bárbaros os povos das nações estrangeiras, conforme assinala Montaigne, o primitivo tinha a mesma convicção em sentido inverso. Todos os estranhos ou estrangeiros tornam-se bárbaros aos olhos dos iguais.

Segundo o líder xavante, ele demorou muito a compreender o sentido da palavra "civilizado", pois relatou que "os fazendeiros matavam muitos bois e chamavam os índios para uma festa. A gente acreditava, e quando estava todo mundo reunido, comendo da carne, apareciam os assassinos e atiravam na gente. Poucos de nós conseguiam fugir dessa emboscada".[2] Assim, o "bárbaro" índio foi um dos raros a escapar dos "civilizados". Montaigne estabelece dialeticamente essa relação, expondo as contradições e os paradoxos da barbárie e da civilização: "*Or je trouve, pour revenir à mon propos, qu'il n'y a rien de barbare et de sauvage en cette nation, à ce*

---

1   Cacique Juruna, entrevista a *Nosso Jornal* – Órgão oficial da Associação dos Economiários Federais de Minas Gerais, 1992.
2   *Idem, ibidem.*

qu'on m'en a rapporté, sinon que chacun appelle barbarie ce qui n'est pas de son usage; comme de vrai, il semble que nous n'avons autre mire de la vérité et de la raison que l'exemple et idée des opinions et usages du pays où nous sommes. Là est toujours la parfaite religion, la parfaite police, parfait et accompli usage de toutes choses. Ils sont sauvages, de même que nous appelons sauvages les fruits que nature, de soi et de son progrès ordinaire, a produits: là où, à la vérité, ce sont ceux que nous avons altérés par notre artifice et détournés de l'ordre commun, que nous devrions appeler plutôt sauvages. En ceux-là sont vives et vigoureuses les vraies et plus utiles et naturelles vertus et propriétés, lesquelles nous avons abâtardies en ceux--ci, et les avons seulement accommodées au plaisir de notre goût corrompu." A pureza dos índios em busca de amizade foi traída pelos "canibais" da civilização que corromperam a ordem comum das coisas selvagem e covardemente. O irracionalismo do artifício da emboscada mortal dos civilizados contrasta com a racionalidade da busca sincera da amizade dos bárbaros. A crueldade da emboscada coincide com os argumentos de Montaigne, segundo os quais os civilizados ultrapassam em barbárie os chamados bárbaros, visto que nem o canibalismo, praticado em circunstâncias muito especiais, supera a crueldade branca, praticada em quase todas as circunstâncias. Matar inocentes em busca de afeto e amizade é mais cruel que se devorar um inimigo depois de morto.

"*Ces nations me semblent donc ainsi barbares, pour avoir reçu fort peu de leçon de l'esprit humain, et être encore fort voisines de leur naïveté originelle. Les lois naturelles leur commandent encore, fort peu abâtardies par les nôtres; mais c'est en telle pureté, qu'il me prend quelquefois déplaisir de quoi la connaissance n'en soit venue plus tôt, du temps qu'il y avait des hommes qui en eussent su mieux juger que nous. Il me déplaît que Lycurgue et Platon ne l'aient eue; car il me semble que ce que nous voyons par expérience, en ces nations, surpasse non seulement toutes les peintures de quoi la poésie a embelli l'âge doré et toutes ses inventions à feindre une heureuse condition d'hommes, mais encore la conception et le désir même de la philosophie.*" O fracasso da civilização é dramaticamente constatado por Montaigne a partir da derrota da filosofia em conduzir a humanidade à felicidade. Os bárbaros realizaram o desejo da filosofia de modo coerente com a concepção mesma de filosofia. Ainda que predomine um sentimento idealista do homem primitivo, Montaigne percebe com acuidade a elevada espiritualidade bárbara. O mundo bárbaro é doce. Ele realiza o ideal da filosofia. A loucura da civilização é exposta por paradoxo à sensatez da barbárie. Com efeito, Montaigne identifica a racionalidade no interior da humanidade primitiva. Esta singular e surpreendente afirmação de Montaigne nos conduz ao que mais tarde Pascal escreverá: "*On ne s'imagine Platon et Aristote qu'avec de grandes robes de pédants. C'étaient des gens honnêtes et comme les autres, riants avec leurs amis. Et quand ils se sont divertis à faire leurs Lois et leurs Politiques, ils l'ont fait en se jouant. C'était la partie la moins philosophe et la moins sérieuse de leur vie, la plus philosophe était de vivre simplement et tranquillement. S'ils ont écrit de politique, c'était comme pour régler un hôpital de fous. Et s'ils ont fait semblant d'en parler comme d'une grande chose, c'est qu'ils savaient que les fous à qui ils parlaient pensent être rois et empereurs. Ils entrent dans leurs principes pour modérer leur folie au moins mal qu'il se peut*".[3]

---

3   PASCAL. *Pensées*, Le Figaro, Collection dirigée par Jean d'Ormesson. Paris, 2010. p. 507.

Curiosamente, a língua tupi já conhecia o conceito de loucura a partir da perda de racionalidade de um certo número de índios da tribo. A loucura do branco ou civilizado contrasta com a sensatez do índio ou bárbaro. A seriedade da palavra dada assume um valor que exalta a honra e a dignidade do homem primitivo. O bárbaro honra a palavra, algo estranho ao civilizado. Juruna, antes de se eleger deputado federal, explica o impacto da mentira do civilizado na sua vida desde o primeiro contato: "Fui aprendendo experiência do branco, vendo o jogo deles. Passei a visitar autoridades em Cuiabá, Goiânia e Brasília, mas só ouvi promessas. Aí comprei o gravador. Toda conversa eu gravava e, se não fossem cumpridas as promessas, eu denunciava à imprensa. Foi assim que a causa do índio tornou-se presente na imprensa diária. Mas não adiantou muito, o que mais tem é autoridade sem palavra." A identidade com a filosofia mencionada por Montaigne coincide com a adesão à verdade. A mentira o constrange e o choca. A mente bárbara fica assustada com a mentira civilizada. "Eu", diz ele, "como índio, defendo a sinceridade. Fui acreditar nos políticos e deu no que deu. Nunca esperava me ver nessa situação de amargura." A sinceridade é um sentimento bárbaro, primitivo. Essa natural disposição à verdade e à sinceridade parece ter tocado profundamente à alma de Montaigne. Juruna morreu doente, abandonado, triste e aos 58 anos. Com efeito, resume Montaigne: *Ils n'ont pu imaginer une naïveté si pure et simple, comme nous la voyons par expérience; ni n'ont pu croire que notre société se peut maintenir avec si peu d'artifice et de soudure humaine. C'est une nation, dirais-je à Platon, en laquelle il n'y a aucune espèce de trafic; nulle connaissance de lettres; nulle science de nombres; nul nom de magistrat, ni de supériorité politique; nuls usages de service, de richesse ou de pauvreté; nuls contrats; nulles successions; nuls partages; nulles occupations qu'oisives; nul respect de parenté que commun; nuls vêtements; nulle agriculture; nul métal; nul usage de vin ou de blé. Les paroles mêmes qui signifient le mensonge, la trahison, la dissimulation, l'avarice, l'envie, la détraction, le pardon, inouïes. Combien trouverait-il la république qu'il a imaginée éloignée de cette perfection?".* Os canibais do Reino ensinaram a mentira ao Reino dos canibais. Afinal, a mentira é bárbara ou civilizada?

Quanto ao canibalismo e suas relações com a barbárie, Montaigne traça algumas comparações muito ricas em extensão e qualidade antropológicas. *"Cela fait, ils le rôtissent et en mangent en commun et en envoient des lopins à ceux de leurs amis qui sont absents. Ce n'est pas, comme on pense, pour s'en nourrir, ainsi que faisaient anciennement les Scythes; c'est pour représenter une extrême vengeance. Et qu'il soit ainsi, ayant aperçu que les Portugais, qui s'étaient ralliés à leurs adversaires, usaient d'une autre sorte de mort contre eux, quand ils les prenaient, qui était de les enterrer jusques à la ceinture, et tirer au demeurant du corps force coups de trait, et les pendre après, ils pensèrent que ces gens ici de l'autre monde, comme ceux qui avaient sexué la connaissance de beaucoup de vices parmi leur voisinage, et qui étaient beaucoup plus grands maîtres qu'eux en toute sorte de malice, ne prenaient pas sans occasion cette sorte de vengeance, et qu'elle devait être plus aigre que la leur, commencèrent de quitter leur façon ancienne pour suivre celle-ci. Je ne suis pas marri que nous remarquons l'horreur barbaresque qu'il y a en une telle action, mais oui bien de quoi, jugeant bien de leurs fautes, nous soyons si aveugles aux nôtres. Je pense qu'il y a plus de barbarie à manger un homme vivant qu'à le manger mort, à déchirer par tourments et par gênes un corps encore plein de sentiment, le faire rôtir par le menu, le faire mordre et meurtrir aux chiens et aux pourceaux (comme nous l'avons non seulement lu, mais vu de fraîche mémoire, non entre des ennemis anciens, mais entré des voisins et concitoyens, et, qui pis est, sous prétexte de piété et de religion), que de le rôtir et manger après qu'il est trépassé. Chrysippe et Zénon, chefs de la secte stoïque; ont bien pensé qu'il n'y avait aucun mal de se servir de notre charogne à quoi que ce fut pour notre besoin, et d'en tirer de la nourriture; comme nos ancêtres, étant assiégés par César en la ville de Alésia, se résolurent de soutenir la faim de ce siège par les corps des vieillards, des femmes et d'autres personnes inutiles au combat. 'Les Gascons, dit-on, s'étant servis de tels aliments, prolongèrent leur vie'".* Assim, Montaigne revela que não só o canibalismo não é exclusividade dos homens primitivos, mas que os civilizados praticavam um canibalismo em muito superior em barbárie.

    Os canibais do reino são especializados em traição, tirania, crueldade e deslealdade, acusando os "bárbaros" por atitudes menos graves que as suas, e sem olhar para dentro de si mesmos. Em uma visão crítica de conjunto, os canibais do reino são muitos mais bárbaros que os do reino dos canibais. A relativização antropológica em Montaigne destitui completamente a pretensa superioridade europeia sobre os povos estrangeiros. Os séculos posteriores vão reforçar a imagem que os canibais do reino têm sobre si mesmos, até alcançarmos o comunismo e o nazismo como a mais elevada forma de barbárie, que é a construção do totalitarismo. A incapacidade dos canibais do reino em enxergar suas próprias limitações mostra-se evidente na argumentação irrefutável de Montaigne. *"Et les médecins ne craignent pas de s'en servir à toute sorte d'usage pour notre santé; soit pour l'appliquer au-dedans ou au-dehors; mais il ne se trouva jamais aucune opinion si déréglée qui excusât la trahison, la déloyauté, la tyrannie, la cruauté, qui sont nos fautes ordinaires. Nous les pouvons donc bien appeler barbares, eu égard aux règles de la raison, mais non pas eu égard à nous, qui les surpassons en toute sorte de barbarie.*"

Theodor W. Adorno, ao refletir criticamente sobre as condições que conduziram a Alemanha a Auschwitz e aquelas que poderiam evitar no futuro novas formas de Auschwitz pelos canibais do reino, chama de barbárie tudo aquilo que é fundado em preconceitos insanos, repressão, genocídio, tortura, sadismo, brutalidade e agressividade irracional. Confirmando a tese de Montaigne da superioridade bárbara da civilização, Adorno afirma que *"discuter d'idéaux dans le domaine de l'éducation ne mène à rien face à cette exigence: plus jamais d'Auschwitz. Ce fut le type de barbarie contre laquelle se dresse toute éducation. Mais c'est n'est pas une menace, Auschwitz fut cette rechute; mais la barbarie persiste tant que durent les conditions qui favorisèrent cette rechute"*.[4] As condições da recaída na barbárie estavam dadas há muito tempo, e já haviam sido criticamente identificadas por Montaigne como características dos canibais do reino da civilização. Freud mostrou como a civilização é capaz de engendrar permanente e endogenamente a anticivilização. Deste modo, assinala Adorno que *"il est un schéma qui s'est confirmé dans toute l'histoire des persécutions: la fureur prend pour cible les faibles, surtout ceux que l'on estime socialement défavorisés, et en même temps, à tort ou à raison, heureux. D'un point de vue sociologique, je me permettrai*

---

4 ADORNO, Theodor W. *Modèles critiques*. Paris: Payot, 1984. p. 205.

d'ajouter que notre société, tout en les intégrant de plus en plus, engendre des tendances à la désintégration. Juste sous la surface d'une vie civilisée et organisée, ces tendances sont extrêmement déveeloppées. La pression d'une universalité dominante sur tout ce qui est particulier, sur l'individu et sur les différentes institutions, a tendance à anéantir le particulier et l'individuel en même temps que sa capacité de résistance".[5] Com efeito, Auschwitz foi o paroxismo de um conjunto de milhares de pequenas Auschwitz ao longo da história da humanidade. Todos os "canibalismos" da civilização nos conduziram a Auschwitz. O chamado princípio de Auschwitz é uma invariante histórica. Assim, continua Adorno, "la seule véritable force contre le principe d'Auschwitz serait l'autonomie, si je puis me permettre d'utiliser l'expression kantienne, la force de réflechir, de se déterminer soi-même, de ne pas jouer le jeu".[6] A inexistência de culpabilidade individual como sentimento da civilização do princípio de Auschwitz dos canibais do reino é dada em razão da inexistência da autonomia individual. Ninguém é culpado. Se a culpa é coletiva, não há culpa individual. Se todos são culpados, ninguém é culpado. Ninguém sabe responder por que jogou o jogo. Isso alivia o peso do carrasco, mas aumenta a dor da vítima.

A frieza universal é uma invariante histórica na interpretação adorniana, e Auschwitz foi preparada desde sempre pela humanidade. Produto da falta de amor universal, a frieza foi que tornou Auschwitz possível. Sendo a frieza "um traço antropológico fundamental", Adorno sintetiza da seguinte forma: "*La soci-*

---

5   Idem, ibidem, p. 207.
6   Idem, ibidem, p. 209.

été dans sa forme actuelle – sans doute depuis des millénaires – ne repose pas – comme l'idéologie le prétendait depuis Aristote – sur l'attirance, l'attraction, mais sur la poursuite des intérêts de chacun au détriment des intérêts des autres. Cela s'est enraciné au plus profond du caractere des hommes. (...) Aujourd'hui, tout homme sans exception se sent trop peu aimé, parce que chacun est insuffisamment capable d'amour. (...) L'une des tendances profondes du christianisme, qui ne coïncidait pás tout à fait avec le dogme, fut de faire disparaître la froideur qui pénetrait toutes choses".[7]

Com efeito, Montaigne teve o mesmo sentimento de Adorno, somado o fato de que percebera a intensa solidariedade dos homens primitivos confrontando-a com a intensa frieza dos homens civilizados. A rigor, a mais extrema civilização foi capaz da mais extrema barbárie. A indiferença quanto ao destino do próximo, contrariando a máxima do amor ao próximo da tradição judaico-cristã, separa os canibais do reino do reino dos canibais. Essa sensibilidade, esse horror à frieza, esse sentimento humano o mais refinado foi resumido por Montaigne ao finalizar seu texto: *"Trois d'entre eux, ignorant combien coûtera un jour à leur repos et à leur bonheur la connaissance des corruptions de deçà, et que de ce commerce naîtra leur ruine, comme je présuppose qu'elle soit déjà avancée, bien misérables de s'être laissé piper au désir de la nouvelleté, et avoir quitté la douceur de leur ciel pour venir voir le nôtre, furent à Rouen, du temps que le feu roi Charles neuvième y était. Le Roi parla à eux longtemps; on leur fit voir notre façon, notre pompe, la forme d'une belle ville. Après cela, quelqu'un en demanda leur avis, et voulut savoir d'eux ce qu'ils y avaient trouvé de*

---

[7] Idem, ibidem, p. 216-217.

plus admirable; ils répondirent trois choses, d'où j'ai perdu la troisième, et en suis bien marri ; mais j'en ai encore deux en mémoire. Ils dirent qu'ils trouvaient en premier lieu fort étrange que tant de grands hommes, portant barbe, forts et armés, qui étaient autour du Roi (il est vraisemblable qu'ils parlaient des Suisses de sa garde), se soumissent à obéir à un enfant, et qu'on ne choisisse plutôt quelqu'un d'entre eux pour commander; secondement (ils ont une façon de leur langage telle, qu'ils nomment les hommes moitié les uns des autres) qu'ils avaient aperçu qu'il y avait parmi nous des hommes pleins et gorgés de toutes sortes de commodités, et que leurs moitiés étaient mendiants à leurs portes, décharnés de faim et de pauvreté; et trouvaient étrange comme ces moitiés ici nécessiteuses pouvaient souffrir une telle injustice, qu'ils ne prissent les autres à la gorge, ou missent le feu à leurs maisons".

Por fim, *"tout cela ne va pas trop mal: mais quoi, ils ne portent point de hauts-de-chausses."* Ironicamente, Montaigne revela mais o abismo existente entre os canibais do reino e o reino dos canibais que uma simples peça de roupa pode separar. Andar nu é o símbolo do paradoxo da barbárie, porquanto o mais bárbaro pode ser o mais civilizado, e o mais civilizado o mais bárbaro.

VARIAÇÕES SOBRE O PENSAMENTO DE IONESCO

16

Aristóteles dizia que a filosofia nasce do assombro do viver. Viver do assombro é tarefa do filósofo. Nesse sentido, Eugène Ionesco foi um filósofo no mais amplo sentido. Um filósofo do assombro da criação, da imaginação criadora. Segundo ele, "o erro de André Breton talvez tenha sido de se levar muito a sério. É preciso se levar um pouco a sério, senão é a inconsistência. Mas se se leva a sério em excesso, não há mais liberdade, é a prisão, a asfixia. Não se é verdadeiramente mais "livre em seus movimentos". Não se mexe mais, se é tomado, colado às coisas, não se tem mais a distância necessária para ver. É preciso ser sério pela metade".[1] Ionesco, assim, criou uma das mais sérias obras do teatro contemporâneo. Em vez de ficar colado às coisas, transformou-as em coisas artísticas. Teatro é uma reinvenção das coisas do mundo empírico em uma expressão que as apresenta como coisas do mundo artístico, ressemantizando-as, e tornando-as paradoxal, simultânea e contraditoriamente pertencentes ao mundo real e ao heteromundo da imaginação criadora. Em 1978, Ionesco concede entrevista à TV FR3, publicada na Revista *Tel Quel*, que "Eu não sei quem sou. Eu não sei o que faço

---

1 IONESCO, Eugène. *Journal en miettes*. Paris: Ed. Gallimard, 2007.

aqui. Eu não sei nem de onde vim, nem para onde eu vou".[2] Esse é o grande Ionesco. Um dos maiores gênios do teatro, da arte, da cultura e do pensamento crítico, membro da Academia Francesa, não há ninguém que possa querer ensinar a Ionesco o que é cultura e o que é criação, e muito menos os que nunca criaram nada. O teatro não é filosofia. Afirma Ionesco que "o teatro não deve ser filosófico, mas, como toda poesia é filosofia, o teatro o é certamente de uma maneira indireta. Não é filosófico tomar consciência de estar em face do mundo e de se perguntar "o que é que é isso"? Tudo é filosofia em um certo sentido, ou tudo procede da filosofia. O teatro procede também dessa interrogação. Ele deve mesmo dela proceder sob pena de ser insuficiente, insignificante. Somente, ainda uma vez, digamos filosofia e não doutrina ideológica, filosofia e não ideologia. A arte é filosófica na medida em que a filosofia é exploração, problema, questão, atitude. Eu chamo ideologia um sistema fechado dando explicações clicheristas".[3] Ionesco, por entre seus diversos textos teóricos, entrevistas teóricas, condena os totalitarismos comunista e nazista, além do incipiente totalitarismo islâmico dos anos 1960 e 1970, pela total catástrofe humana, econômica, política, científica e artística. Ionesco jamais transigiu com a destruição da liberdade. Crítico feroz do aborto, da eutanásia, do racismo e de todas as formas de barbárie e de tirania, Ionesco cita o caso de um professor aleijado de uma universidade alemã: "Nascido durante o nazismo, sua mãe o escondeu porque os médicos, geneticistas, bi-

2 Idem. *Un homme en question*. Paris: Ed. Gallimard, 1979. p. 7.
3 BONNEFOY, Claude. *Entretiens avec Eugène Ionesco*. Paris: Ed. Pierre Belfond, 1966. p. 145.

ólogos nazistas, assim como os sociólogos, não aceitavam que ele vivesse. Toda vida deve ser salva, toda vida é fonte de sofrimento, mas também de alegria e de contemplação. Mas tudo isso, eutanásia exercida sobre os velhos, enfermos ou aleijados, o aborto, tudo isso faz parte de um conjunto: desprezo da vida, desprezo do espírito, desprezo do homem, desprezo da metafísica, desprezo da vida pessoal; a sociedade, antes de tudo, a saúde da nação, da raça, tudo isso faz parte da 'moral' totalitária. (...) Que pena, o humanismo se vai em pedaços",[4] lamenta o dramaturgo. Segundo Ionesco, o humanismo tornou-se tão ridículo quanto na época do nazismo, destruidor do humanismo. Diz ele: "Acho que Hitler ganhou. Eu creio que a imensa crueldade nazista nada mais era que o signo precursor do ódio e da raiva de destruição que ganha toda a humanidade, começando hoje pelo burguês de esquerda, mas que são bem os filhos dos burgueses nazistas e fascistas dos anos 30 a 40",[5] protesta Ionesco com tristeza. Aqui ele adverte o início de uma nova regressão à barbárie, como se o Ocidente não tivesse aprendido a lição da catástrofe. Vale lembrar que Ionesco sempre foi um defensor apaixonado do Estado de Israel, um amoroso dos judeus sempre perseguidos e ameaçados de extermínio e do genocídio. Palavra de "cristão, mau cristão, mas cristão", como disse.

Condenando a posição da Igreja Católica em ser refém voluntária da História, confundindo-se com a História, o que acabou levando-a a ser aceita e infiltrada pelo marxismo, pelo comunismo, Ionesco, o mau cristão, se dá ao luxo de ensinar cristianismo ao Padre Lendger, que o entrevistara. Confessa ao padre que a

---
4   IONESCO, Eugène. *Antidotes*. Paris: Ed. Gallimard, 1977. p. 18.
5   *Idem, ibidem*, p. 44.

Igreja abandonou a linguagem sagrada, adotando a linguagem do século, mundana. A Igreja Católica teria renunciado, capitulado, perante a História. Ao final da entrevista de 1975, o Padre Lendger pergunta a Ionesco o que ele teria a dizer a um padre como ele. A resposta é fantástica: "Eu diria a ele: por que veio em minha casa em trajes civis? (...) Coloque uma batina. O que é essa gravata? O senhor de gravata fica como todo mundo. Eu preciso ver alguém que está fora do mundo, no mundo, mas ao mesmo tempo fora do mundo".[6] A defesa do sagrado no pensamento de Ionesco é de uma veracidade e uma autenticidade impressionantes.

O pensamento de Ionesco possui variações centrípetas a partir da liberdade, conduzindo ao pensamento filosófico estético, político, religioso, ético, econômico, social, militar etc. Todas as forças centrífugas dos totalitarismos são abominadas e duramente criticadas. O eu criador de Ionesco é centro das suas reflexões, quando ele procura dramática, exasperada e obsessivamente inventar um novo mundo a partir do existente e fundado na sua mais íntima e profunda imaginação criadora. Até mesmo as ironias da falsa e leviana "crítica literária", não certamente a alta crítica, que ele estimava vivamente, mas a crítica superficial voltada para elementos para lá de secundários, como se toda a obra de Ionesco fosse somente redação de confissões pessoais. Assim diz ele, "todo mundo é somente porteiro, pessoas mundanas, isto é, porteiros a um grau superior (...) Toda história literária tal como se pratica é uma história de porteiros. O que diz um camarada, os jornalistas, os leitores não o compreendem como um artista, como um sacerdote, como um médico, como um psicólogo o en-

---

6   Idem, ibidem, p. 248.

tendem. Eles não veem o que significam essas confissões, o que significa a verdade mais profunda, a mais universal, de uma confissão particular. O que os interessa não é a verdade universal, mas a confissão pessoal, isto é, o buraco da fechadura. O que interessa às pessoas não é o que pode aí ter de universal ou de geral na obra particular de um escritor, mas de conhecer suas historinhas. Ainda de novo, isso é o que não é a obra. As origens são interessantes em estudar, a obra o é muito mais. A obra é mais que suas causas, ultrapassa suas causas".[7] Com efeito, Ionesco consagra-se como um dos maiores teóricos da estética contemporânea, seja utilizando uma linguagem mais formal em artigos densos, seja mais informal, como nos artigos para jornais e revistas, nas entrevistas, notas, panfletos, polêmicas e memórias artísticas.

Ao lado de Samuel Beckett, Ionesco forma a mais importante dupla do chamado "teatro do absurdo". Ionesco por inúmeras vezes tece elogios críticos a Beckett, afirmando, por exemplo, e contrariamente a Sartre, por quem nutria desprezo pela filosofia, pelo teatro e pelas posições políticas, que "Beckett não corre atrás da História, ele flutua. Ele exprime verdades, angústias e obsessões fundamentais que se encontram expressas todos os três ou quatro séculos. Beckett só é exclusivamente em seus livros ou em seu teatro. Um dia eu disse que ele era contemporâneo do Rei Salomão ou de Jó. É o autor de língua francesa de hoje, que me parece o mais importante. Ele, Beckett, resiste à corrente da história".[8] A imaginação criadora em Beckett e Ionesco são asses-

---

7   BONNEFOY, Claude. *Entretiens avec Eugène Ionesco*. Paris: Ed. Pierre Belfond, 1966. p. 67.
8   IONESCO, Eugène. *Antidotes*. Paris: Ed. Gallimard, 1977. p. 102.

soradas pela angústia vital, pela obsessão criadora, pela revolta da desrazão em meio a um mundo profundamente irracional. Para Ionesco, "a obra de Beckett é um apelo permanente a Deus, é exatamente um S.O.S."[9] Liberal em todos os sentidos, Ionesco escreveu belas páginas sobre o Estado opressor, repressor e tirânico, inimigo da arte porque inimigo da liberdade. Assim, diz ele que não cabe ao Estado se substituir aos artistas e jornalistas. "A liberdade, afirma Ionesco, pela qual se tinha pretendido combater, foi abolida. A fraternidade ou o amor tornaram-se coisas desprezíveis e ridículas, ou 'sentimentalismo burguês'. Em nome de uma mítica revolução, pretensamente proletária, somente os dirigentes têm o poder e a palavra. 'Não há mais críticas a fazer em nosso país, me dizia certa vez em uma reunião internacional o Ministro da Cultura da União Soviética. Marx chegou, a revolução foi feita, os que são contra nós são contra a sociedade'".[10] Em Ionesco, os inimigos da liberdade de expressão artística são os inimigos da liberdade econômica, política, jornalística, científica, filosófica, religiosa e cultural em geral. O Estado não tem alma, escreveu Edith Stein, e exatamente por isso Ionesco afirma que cultura não é um assunto do Estado, mas dos artistas, dos criadores. O totalitarismo quer fazer do Estado uma obra de arte viva, um ser, ontologicamente qualificado, e para isso é preciso praticar o genocídio, ou, mais recentemente, assassinatos seletivos, direcionados simbolicamente. O totalitarismo quer reinventar a natureza humana, mas preservando a dominação feroz dos líderes sobre as massas oprimidas.

---

9   Idem, ibidem, p. 243.
10 Idem, ibidem, p. 135.

A dominação e o autoritarismo sobre os artistas pela Unesco são examinados criticamente por Ionesco ao citar que "Simone Weil pensava que a cultura 'é um instrumento manipulado por professores para fabricar professores que por sua vez fabricarão professores'. A cultura parece em nossos dias ser um instrumento manipulado por funcionários públicos para fabricar funcionários públicos que fabricarão funcionários públicos. Isto significa, na realidade, assim como pensava verdadeiramente Simone Weil, o contrário da cultura. (...) Ninguém parecia querer compreender que a verdadeira cultura viva é criação, ruptura, mudança, evolução e mesmo revolução. Do Ocidente ao Oriente, do sul ao norte, oficialmente a cultura parece ser de todo modo o pão cotidiano dos burocratas, o monopólio e o cassetete dos políticos autoritários. (...) E quem são as pessoas levadas a pensar as políticas culturais e em aplicá-las? Os políticos, claro, e os burocratas. Eles consideram os artistas como menores incapazes, e que de qualquer jeito eles devem ser pelo menos vigiados".[11] Desde Platão, que expulsara os poetas da República, até hoje, os artistas são um estorvo para o Estado que não sabe exatamente como lidar com eles. Principalmente, para o Estado totalitário, por muitos especialistas um platonismo redivivo.

Defensor da vanguarda artística como liberdade, Ionesco descreve um encontro da Unesco sobre teatro em 1958 com a participação do bloco soviético, e percebendo a semelhança autoritária entre os representantes oficiais ocidentais e orientais. Segundo ele, "os russos, que até aqui haviam deixado falar os satélites, foram convidados pela presidente a responder aos últimos.

---

11 Idem, ibidem, p. 141.

Depois disso, a sessão foi interrompida. Os soviéticos só falavam besteiras. Assim, eles declararam que em seu país o teatro não estava em crise, pois havia não sei quantas centenas de teatros na Rússia, outras centenas ou milhares de refeitórios para os atores, centenas e mesmo milhares peças de teatro que eram publicadas ou encenadas cada ano: o que quer dizer que a quantidade tornava-se qualidade, dezenas de milhares de abobrinhas se transformavam de repente em obras-primas. Depois eles começaram a me atacar pessoalmente, recusando o debate essencial. Os delegados russos afirmaram que, sem dúvida, eu era um doente, e que eles haviam construído e instalado hospitais psiquiátricos para os escritores antissociais. Os russos, exatamente eles, podiam me curar, e podiam curar igualmente todos os autores malsãos, excêntricos, rebeldes. Foi a primeira vez que ouvi falar de hospitais psiquiátricos soviéticos para artistas e intelectuais. Imaginem vocês, isso já existia, mas eu só acreditava pela metade. Eu achava que isso era um modo de dizer, uma brincadeira. Desde então nós sabemos que isso existe. (...) O mais desagradável é que o diretor geral da Unesco parecia querer fazer a balança tender para o lado soviético. Eu havia constatado na Unesco uma certa tentativa de infiltração de comunistas e simpatizantes".[12] Esse depoimento estarrecedor de Ionesco revela fidedignamente o ambiente político da guerra fria. A barbárie totalitária na sua face mais brutal e cruel com os artistas, remetendo ao conceito ionesquiano de Estados concentracionários, isto é, que são campos de concentração, como foram a União Soviética, a China, o Cambodja, a Albânia e diversos outros, e hoje Cuba, Coreia do Norte, entre

---

12 Idem, ibidem, p. 147-150.

outros assemelhados. A usurpação do Estado e organismos internacionais dos direitos dos artistas é uma manifestação contrária à verdadeira cultura. Os tiranos tornam-se críticos de arte e artistas simultaneamente, ditando o que tem valor ou não, o que é decadente, degradante e indefensável. Com efeito, para Ionesco, "toda a cultura foi feita por inimigos da cultura. Toda a história é um combate contra a história, e isso é seu paradoxo e sua verdade".[13] Ionesco considera o liberalismo a mais elevada forma de organização política, econômica, cultural e social, pois permite a crítica e a oposição. Segundo ele, somente o Estado totalitário impõe valores culturais, enquanto o Estado liberal aceita tudo. Nada mais reacionário e atrasado que os totalitarismos soviético, cubano, chinês, nazista, islâmico e outros, conforme Ionesco. E é exatamente uma "burguesia" assassina que forma a classe dirigente dos Estados totalitários.

Se filosofia não é ideologia, arte e literatura, muito menos. Indagado sobre a função da literatura, Ionesco esclarece o seguinte: "Eu creio que não há nada mais interessante que inventar histórias, e contá-las. Não há coisa ao mesmo tempo mais prazerosa e mais importante na vida. Contudo, insere-se na literatura todo tipo de coisas, a preocupação ideológica, a propaganda etc. É o desinteresse da literatura que é interessante. (...) Os autores escritores fazem propaganda, fazem ideologia, mas os grandes autores são aqueles que, apesar deles, fizeram outra coisa que propaganda, e outra coisa que ideologia".[14] Ao tornarem a literatura uma atividade heterotélica, os autores se desviam da máxima de

---
13 Idem, ibidem, p. 159.
14 Idem. Un homme en question. Paris: Ed. Gallimard, 1979. p. 9-10.

Kant, segundo a qual a arte é uma atividade sem fim determinado. Regra geral, os artistas engajados ideologicamente são presas fáceis da instrumentalização da obra de arte como propaganda político-ideológica. A arte perde o seu caráter enigmático, como já denunciara Theodor Adorno.

Desde Kant a arte é definida como um prazer desinteressado, e uma finalidade sem fim *determinado*. Como bem assinalou o filósofo francês Victor Basch, judeu da Resistência, nome de sala no Departamento de Filosofia da Université de Paris I – Panthéon – Sorbonne, e nome de uma agradável praça em Paris. Desse modo, Ionesco permanece convicto do caráter desinteressado da arte, e resiste criticamente ao assédio dos políticos: "E eu me dou conta de que, por exemplo, eu fui muito ingênuo em lutar tenazmente em querer provar que há atividades desinteressadas, enquanto sabe disso todo mundo que já jogou futebol, cartas, xadrez, jogo do ganso etc. Somente os políticos não querem que a atividade teatral seja desinteressada e gratuita, eles detestam que ela seja livre, e que ela lhes escape".[15] A autonomia da obra de arte explicitamente nomeada desde Alexander G. Baumgarten, pai da estética como tal no século XVIII alemão, passando por Kant, Schiller, Diderot, e os românticos alemães até Theodor Adorno no século XX, é uma reivindicação histórica dos defensores da liberdade de criação e expressão. A identidade entre a arte e o jogo é uma das mais intrigantes manifestações do enigma da criação. A não identidade entre as duas atividades é uma sutil diferença no campo da cultura.

---

15   Idem. *Notes et contre-notes*. Paris: Gallimard, 1966. p. 11.

O enigma da obra de arte é a *conditio sine qua non* de uma criação artística livre; fora isso é propaganda, ou mais ou menos propaganda. Vale dizer que essa é uma tendência ou uma invariante do pensamento totalitário, pois o pensamento liberal na arte contemporânea criou todas as variações da Arte Moderna e pós-moderna, termo este cunhado pelo crítico brasileiro Mário Pedrosa em 1951, aproximadamente, para designar avanços na Arte Moderna, inclusive por artistas brasileiros, como Abraham Palatnik, de quem fui amigo. Aliás, Mario Pedrosa, da velha esquerda, também meu amigo ao final da vida, me confessava em entrevista – a última – a incompatibilidade do marxismo com a arte livre, de vanguarda. Diga-se, de passagem, que quase toda a grande crítica de arte brasileira do século XX foi da esquerda marxista, e jamais souberam como resolver a conciliação entre a liberdade da arte que defendiam com ardor e paixão e o sistema totalitário comunista que defendiam com os mesmos ardor e paixão, e que negava a liberdade da arte. Pode-se dizer o mesmo de diversos artistas. E até hoje.

Com efeito, para Ionesco arte é enigma, como em Theodor Adorno. Embora ele mesmo ache que Beckett o superou no enigma da obra de arte, e que ele deveria ter permanecido mais dentro do incompreensível, do inextricável. Isso é a metafísica da arte. A física da arte é o veículo empírico que precisa conduzir o receptor da obra para a metafísica da arte, a única que faz sentido ao romper com o sentido prosaico do mundo.

Desapontado com Sartre, Foucault e vários outros intelectuais franceses que sempre silenciaram sobre o genocídio praticado pelos comunistas e totalitaristas em geral – vale lembrar que Michel Foucault apoiou desde sempre o totalitarismo islâmico a partir de Paris, onde frequentava a casa do grande amigo Aiatolá Khomeini, liderando um curso sobre Heidegger, e tendo como ouvinte o também grande antissemita Mahmoud Ahmadinejad, e em louvor à Revolução Islâmica até a morte, inclusive escrevendo como correspondente em Teerã para o jornal *Corriere della Sera*, apoiando as atrocidades do regime bárbaro –, Ionesco desabafou em 1978: "Nós não podemos confiar na *intellighèntzia*. A *intellighèntzia* é muito sensível aos retrocessos irracionais e à força politica. Essa é a razão pela qual é muito difícil de confiar nos intelectuais, naqueles chamados "intelectuais", porque, longe de serem mestres do pensamento, eles são intermediários dos escritórios de propaganda, sobretudo dos governos comunistas, eles são os intermediários entre o público e as indústrias de propaganda."[16] Com efeito, Michel Foucault começa a desabar com as publicações críticas sobre a sua obra jornalística, inclusive por parte de filósofos iranianos independentes e, claro, morando no exterior.

Ionesco sempre discutiu criticamente as relações entre a cultura e a política, nas quais ele desvela como a primeira é sempre perdedora. Desta feita, "a cultura é indissociável da política. A cultura e a política são a nossa vida. De fato, as artes, a filosofia e a metafísica, a religião ou outras formas de vida espiritual e as ciências constituem a cultura. (...) Mas se a política é a organização de toda sociedade possível, ela tornou-se anarquicamente organização pela organização, que dizer, de fato desorganização do complexo cultural em detrimento da metafísica, diretora da arte, da espiritualidade e mesmo da ciência. Desenvolvendo-se, portanto, pisando nas outras atividades humanas, ela tornou a humanidade

---

16 Idem. *Un homme en question*. Paris: Ed. Gallimard, 1979. p. 28.

louca. A política não é mais que um combate maluco pelo poder, mobilizando e monopolizando todas as energias do homem moderno. Na realidade, não há mais ideologia, nem filosofia, nem arte, nem mesmo a ciência nos países totalitários escapa da política. O saber e a criação estão subordinados à política."[17]

Para Ionesco a política é a morte, pois ela matou a filosofia da qual pretendia ser herdeira, e com isso sacrificou todas as relações verdadeiras que poderiam, e deveriam, haver entre as ideias filosóficas e a sua aplicabilidade prática nas sociedades. Com isso, o divórcio tornou a política uma atividade autotélica, voltada para os seus próprios fins particulares, deixando de ser um meio para o desenvolvimento. A política termina por ser um fim em si mesma. Inimiga da cultura, a política vê-se a cada dia inimiga de mais e mais atividades humanas, como as empresariais e econômicas, científicas, filosóficas, esportivas, religiosas e outras, em maior ou menor grau. Repensar o sentido da política, eis uma urgente tarefa crítica. Até para que ela mesma não morra, após ter matado todas as outras atividades. Salvar a cultura é uma tarefa *a priori*, dado que "a cultura é a expressão de nossa continuidade e nossa identidade multissecular através do tempo, do espaço, e das sociedades universais, e eu diria que a forma mais alta da preocupação humana é a arte, que parte do social rumo a um ponto de encontro extrassocial e suprassocial que reúne todos os homens: a diversidade indispensável à unidade de nosso espírito, à solidariedade além do tempo e do espaço. (...) A cultura é o desabrochar do indivíduo. (...) A personalidade individual, em seu desenvolvimento pleno, pode parecer ser contra os outros, mas

---

17 Idem. *Un homme en question*. Paris: Ed. Gallimard, 1979. p. 49.

de fato ela é a favor dos outros. É o indivíduo que é portador de valores, é o criador original que permite a renovação da sociedade nessa síntese de coletivo e individual".[18] A alma mesma da cultura é a obra de arte. E o que é arte? Entre inúmeras definições do que é ou não é arte, Ionesco explicita uma delas: "Nenhuma definição da arte é satisfatória. Os defeitos de uma obra reaparecem quando a análise leva em conta uma heterogeneidade que dissolve a obra, quando ela contém contradições que se neutralizam ao invés de se oporem de uma maneira criativa, viva. Uma obra é ruim quando ela não é ela mesma, quando ela não permite a constatação da existência de alguma coisa como um ser único (...) Portanto, a obra é organizada, eu quero dizer que ela é um organismo. É nisso que uma obra é verdadeira, e a arte confunde com a verdade. Essa verdade, evidentemente, é subjetiva, e é essa verdade subjetiva que é a única verdade do artista. Uma subjetividade tão total, tão profunda, que ela termina por alcançar a objetividade: o artista deve ser objetivo ou verdadeiro na sua subjetividade. A obra é a expressão de uma visão, esta visão toma corpo, isto é, é organizada, ainda uma vez ela é um organismo vivo contendo nela mesma todos os antagonismos que devem constituí-la mas não a destruir. Mais as oposições, as linhas de força e as paixões são complexas e numerosas, mais a obra é importante, e pois que a obra é como um organismo vivo, como um ser, é nisso que ela é ao mesmo tempo invenção e descoberta, imaginária e real, útil e inútil, necessária e supérflua, objetiva e subjetiva, literatura e verdade. Ela procede de um jogo que não é uma mentira. Claro, pode-se rejeitar essa obra, pode-se julgá-la

---

18 Idem. *Un homme en question*. Paris: Ed. Gallimard, 1979. p. 52.

nefasta, como se pode condenar e matar alguém. (...) A obra é um ser autônomo. Criticar é discernir. Discernir, ou ver, é distinguir".[19] Com efeito, a obra de arte conclusa e exitosa é a que explora criticamente todas as contradições que surgem ao longo e através do processo objetivo e concreto da imaginação criadora. Quanto mais contraditória a obra de arte mais verdadeira ela se forma. Pretender eliminar as contradições para torná-la mais coerente é destruir a alma mesma da arte. A rede de contradições subjetivas ao ascender ao concreto da realização formal torna-se mediatamente objetiva, como que por camadas sucessivas em direção à objetividade singular. As contradições objetivas da subjetividade da imaginação criadora plasmam a objetividade formal. Nós podemos falar em verdade da arte exatamente nesse sentido, sem prejuízo de podermos falar de verdade artística em outros momentos da realização concreta da formatividade estética.

Assim, "uma obra deve ser nova, ela deve ainda ser verdadeira. Esta verdade é muito simplesmente a expressão de uma sinceridade profunda do artista. (...) ... partindo de sua subjetividade, exprimindo sua subjetividade, o criador objetiva-se. Saída de si, exteriorizada, a obra adquire uma existência em si. (...) Diz-se que o autor escrevia uma peça, que os atores encenavam uma outra, e que os espectadores viam uma terceira. A situação é ainda bem mais complexa. A verdade de uma obra é mais dividida, e essas verdades divididas se chocam, se opõem umas às outras, se negam a tal ponto que parece sobrar da obra somente um pretexto com múltiplas interpretações contraditórias, a obra parecendo nada mais que o lugar de encontro das interpretações da qual a

---
19 Idem, *Notes et contre-notes*. Paris: Gallimard, 1966. p. 32-33.

obra é como que um pretexto ultrapassado".[20] Vale lembrar que Ionesco nunca defendeu o sincerismo, que é o sentimentalismo exacerbado; ao contrário, ele usa o kitsch de modo acidamente crítico, como que em modo especular. Bons sentimentos são somente bons sentimentos, e não boa arte. Parafraseando João Cabral de Melo Neto, que afirmou que não fazia poesia com emoção, mas para gerar emoção, a arte precisa gerar bons sentimentos no público. Na estética de Ionesco, as verdades divididas são as contradições artísticas da veracidade dos impulsos da imaginação criadora, a única faculdade humana que habilita a pessoa humana individual a alcançar a obra de arte, que, como o próprio nome define, é forma, construção, resultado físico.

Retomando, Ionesco esclarece: "Nós dissemos que o criador autêntico é de uma sinceridade absoluta. O que ele diz é verdade, mas qual é esta verdade, qual é esta sinceridade? As histórias que o autor nos conta são inventadas, portanto, elas não são verdadeiras. Ela são inventadas, e é justamente por isso que o autor não mente. Com efeito, inventar é criar, é se descobrir. Já que a obra criada é inventada ou imaginada, ela é um ser vivo, como dissemos. Um ser vivo e real. Uma obra é de uma realidade indiscutível. Mentir é dissimular, ou bem é tentar substituir uma realidade por uma outra realidade. É trapacear, é negar ou afirmar coisas com um objetivo, mesquinho ou moralmente generoso, de impostura ou de propaganda. (...) O autor não substitui uma coisa por uma outra, como faz o mentiroso; ele faz uma coisa que é esta coisa. É por isso que a verdade toma suas fontes no imaginário. (...) Nascida dele, ela lhe escapa. De uma certa maneira, um

---

20 Idem, ibidem, p. 37.

autor de tese é um falsário. Ele conduz seus personagens rumo a um objetivo determinado, ele lhe impõe uma direção, ele sabe antecipadamente o que eles devem ser, ele aliena a liberdade de seus próprios personagens e de sua própria criação. Sua arte não é uma exploração pois ele é vassalo de um campo já explorado, suas criaturas nada mais são que marionetes, não haverá mais revelações no que ele faz, mas simplesmente ilustração, exemplificação. Tudo é dado desde o começo. O autor de tese não pode mais ser um autor de boa-fé, ele não é mais sincero. Ao mesmo tempo, claro, nem sua obra, nem seus personagens poderão mais nos surpreender. Nenhuma tese é absoluta e objetivamente verdadeira. O autor de tese dá a esta a prioridade sobre toda outra verdade possível."[21]

Voltamos, assim, a reforçar o caráter desinteressado da arte, muito enfatizado por Olivier Revault d'Allonnes em seu livro sobre Beethoven, e o desinteresse está diretamente ligado ao conceito kantiano de finalidade sem fim determinado, como completou Victor Basch. Determinar um objetivo desde o ponto de partida já é corromper o processo de criação como um todo. Trair a verdade da arte, que se revela pouco a pouco pela expressão da imaginação criadora, cuja formatividade toma seu próprio rumo e direção, como que tendo independência e vida própria, deixando o autor. O autor de tese como artista perverte a ideia mesma de criação, fazendo uso político-partidário, ideológico, propagandístico, e menos arte verdadeira. O termo francês *l'auteur à thèse* é muito bem apropriado, trazendo em si uma crítica aos artistas que transformam a obra de arte em uma oportunidade de

---

21 *Idem, ibidem*, p. 41.

quase sempre defender uma tese política, comprometendo e inviabilizando a verdade da criação, que se quer e precisa ser livre.

O autor de tese quer demonstrar e defender uma tese, uma verdade produzida artificial e ideologicamente por ele, mas que não nasceu dele através da expressão natural e cultural da imaginação criadora livre secundada pela razão; ao contrário, a razão assume a liderança a serviço da política, secundada pela imaginação criadora. Aliás, que de criadora somente resta o nome. Assim, em Ionesco a verdade "está em nossos sonhos, na imaginação. Tudo, a cada instante, confirma esta afirmação. A ficção precedeu a ciência. Tudo aquilo que sonhamos, isto é, tudo aquilo que nós desejamos, é verdadeiro. (...) Só o mito é verdadeiro. (...) A realidade não tem que ser realizável: ela nada mais é o que ela é. É o sonhador, ou pensador, ou o sábio, que é revolucionário, é ele que tenta mudar o mundo. (...) Eu creio compreender agora aquilo que me incomodava no teatro era a presença no palco de personagens em carne e osso. Sua presença material destruía a ficção. Havia lá como dois planos de realidade, a realidade concreta, material, empobrecida, esvaziada, limitada, dessas pessoas vivas, quotidianas, mexendo e falando em cena, e a realidade da imaginação, todas duas face a face, não se unindo, irredutíveis uma à outra: dois universos antagonistas não chegando a se unificar, a se confundir".[22] É dessa contradição estética entre a realidade empírica e a realidade artística que Ionesco extrai uma poderosa fonte de criação. O peso enorme da realidade viva dos atores associado às demandas do inconsciente da imaginação criadora produz uma contradição estética que, longe de Ionesco denegar,

---

22 Idem, ibidem, p. 48-49.

se torna motivo de exploração criadora. É da essência mesma do teatro a contradição estética entre a realidade empírica e a realidade imaginadora. O mundo empírico fornece as condições para as contradições com o mundo da imaginação criadora. Em concordância com Vico, Ionesco confirma que a ficção precedeu a ciência, pois a imaginação precede a razão.

Quando o artista se deixa levar pela força da correnteza da realidade empírica, ele é sequestrado pela força da tese, ou força das ideias, que o vincula ao mundo e não à imaginação criadora, e esta passa a se subordinar àquela. A função da arte não é rivalizar ou colaborar com a ciência, a política, a ideologia ou quaisquer formas de repressão ao inconsciente criador, à intuição artística e aos impulsos espontâneos da imaginação criadora. Nesse sentido, Ionesco critica Pirandello, que se vale da ciência da psicologia para construir seus personagens, o que conduz à insuficiência do teatro pirandelliano diante da psicologia, e simultaneamente uma insuficiência diante do próprio teatro. Pirandello poderia ter ido mais longe caso não subordinasse seu teatro à psicologia. Assim, "o valor do teatro de Pirandello não leva em conta a contribuição deste à psicologia, mas à sua qualidade teatral, que está necessariamente alhures: neste autor, não é mais a descoberta dos antagonismos da personalidade que nos interessa, mas o que ele faz disso, dramaticamente. Seu interesse propriamente teatral é extracientífico, ele está além da sua ideologia. Em Pirandello, sobrou apenas sua mecânica teatral, seu jogo: prova ainda que o teatro que só é construído sobre uma ideologia, uma filosofia, e que deve tudo exclusivamente a esta ideologia e a esta filosofia, está construído com areia, cai por terra. É a sua linguagem teatral, seu instinto puramente teatral que faz com que Pirandello ainda esteja vivo hoje.[23] A instrumentalização da arte pela ideologia, seja política ou científica, está no oposto do sentido próprio da criação, que no seu autêntico processo ruma em direção ao desconhecido, isto é, não sabe aonde vai chegar. E se vai chegar. Arte não é ilustração da ciência, tampouco da política. Teatro é a radicalização estética da linguagem do teatro. Ionesco frisa bem que não são os antagonismos psicológicos que garantem o teatro, mas, sim, as contradições estético-artísticas, nas quais os personagens são parte ativa. A arte não é simples representação do mundo interior e exterior, porém, a reinvenção do mundo. A lógica que rege a ciência e a paixão que dirige a ideologia são insuficientes para a arte, que recorre à imaginação criadora para impedir a mutilação do espírito. E do corpo.

Com efeito, "as peças de tese são grosseiras. O teatro não é a linguagem das ideias. Quando ele quer se fazer o veículo das ideologias, ele só consegue ser o seu vulgarizador. Ele as simplifica perigosamente. Ele as torna primárias, as rebaixa. Ele torna-se 'naïf', mas no mau sentido. Todo teatro de ideologia corre o risco de ser exclusivamente teatro de clientelismo político. Qual seria, não a sua utilidade, mas sua função própria, se o teatro fosse condenado a fazer unicamente duplo emprego com a filosofia, ou a teologia, ou a política, ou a pedagogia? Um teatro psicológico é insuficientemente psicológico. Melhor ler um tratado de psicologia. Um teatro ideológico é insuficientemente filosófico. Em vez de ver uma ilustração dramática de tal ou tal política, eu prefiro ler meu jornal de sempre, ou escutar falar os candidatos do meu partido. Descontentes com a ingenuidade grosseira do teatro, fi-

---

23 Idem, ibidem, p. 56

lósofos, literatos, ideólogos, poetas refinados, pessoas inteligentes tentam tornar o teatro inteligente. Eles escrevem com inteligência, com gosto, com talento. Eles colocam nele o que pensam, eles exprimem suas concepções sobre a vida, sobre o mundo, consideram que a peça de teatro deve ser uma espécie de apresentação de uma tese, da qual surge, no palco, a solução. Eles dão por vezes às sua obras a estrutura de um silogismo do qual as premissas seriam os dois primeiros atos, e o terceiro ato seria a conclusão".[24]
Ionesco reivindica o direito do teatro de ser exclusivamente teatro, o direito à autonomia da criação. O teatro de vanguarda de Ionesco é uma das mais importantes expressões da liberdade da imaginação criadora da história do teatro. Ainda que não de maneira exaustiva, em linhas muito gerais, portanto, apresentamos apenas algumas manifestações teóricas de alta relevância estética do pensamento ionesquiano, que em nosso entendimento têm valor universal em defesa da liberdade e do humanismo.

---

24 *Idem, ibidem*, p. 57-58.

www.forenseuniversitaria.com.br
bilacpinto@grupogen.com.br

Imprensa da Fé